Silvia Regelein

# Richtig schreiben lernen – so klappt's!

Arbeitsblätter für ein gezieltes Rechtschreibtraining
mit Selbstkontrolle

3. Klasse

Kopiervorlagen mit Lösungen

Gedruckt auf umweltbewusst gefertigtem, chlorfrei gebleichtem
und alterungsbeständigem Papier.

1. Auflage 2010
Nach den seit 2006 amtlich gültigen Regelungen der deutschen Rechtschreibung
© by Brigg Pädagogik Verlag GmbH, Augsburg
Illustrationen: Walter Uihlein

ISBN  978-3-87101-**583**-0                                    www.brigg-paedagogik.de

# Inhalt

# Einführung

Liebe Kollegin, lieber Kollege,

die in diesem Band zusammengestellten Kopiervorlagen resultieren aus meiner langjährigen Unterrichtspraxis und sollen zu Ihrer Arbeitsentlastung beitragen. Das Material umfasst gemäß den Bildungsstandards alle wichtigen rechtschriftlichen Lerninhalte des 3. Schuljahrs und grundlegende Rechtschreibstrategien in einer sinnvollen Reihenfolge.

## Neu am Material: Lösungsstreifen zur Selbstkontrolle

Das Material will den Kindern selbstständiges und eigenverantwortliches Lernen in Einzel- und Partnerarbeit ermöglichen – ohne sie zu überfordern. Damit auch weniger leistungsfähige Kinder in ihrem eigenen Tempo weitgehend selbstständig arbeiten können und Erfolg haben, hat jede Seite am Rand einen senkrechten Streifen mit übersichtlichen und schnell auffindbaren Lösungen. Vor Beginn der Arbeit knicken die Kinder den Lösungsstreifen um. Zum Überprüfen und Reflektieren der bearbeiteten Aufgaben klappen sie ihn dann auf.

## Hinweise zur Konzeption

- Die **rechtschriftlichen Strategien** *Mitsprechen und lautgetreues Verschriften, Nachdenken, Merken, Nachschlagen und Kontrollieren* werden intensiv eingeübt. Auch die Lernziele *Fehler erkennen, sinnvoll berichtigen und aus Fehlern lernen* werden durchgängig berücksichtigt.

- **Vielfältige Zugangswege** (visuell, auditiv, artikulatorisch, schreibmotorisch und kognitiv) sichern eine nachhaltige Verankerung des Gelernten. Motivierende und wiederkehrende Übungen vermitteln den Kindern Sicherheit und Erfolgserlebnisse.

- Um das grammatische Prinzip beim Rechtschreiben berücksichtigen zu können, sind **Texte** als Gegenpol zu den Übungen am Wort nötig. Als Abschreib- und Merkhilfe sind sie mit dem Symbol ☺ in Sinnschritte gegliedert. Die Texte erzählen von dem Mädchen Florina, ihrem Vater Kommissar Fuchs (kurz KF) als Identifikationsfigur für die Jungen und ihrem Dackel Fidi. Die zeitgemäßen, oft witzigen Texte wollen verstärkt auch das Interesse von Jungen ansprechen. Erfahrungsgemäß denken sich die Kinder selbst gerne Erlebnisse von Florina, KF und Fidi aus und schreiben sie auf.

- **Integrativer Deutschunterricht:** Die Texte sind nicht nur Grundlage für rechtschriftliche Übungen, sondern fördern auch wortgenaues, sinnerfassendes Lesen und freies, kreatives Schreiben.

- Am Ende dieses Bandes finden Sie eine **Wörterliste als „Mini-Wörterbuch"** mit rund 1 000 häufig gebrauchten Wörtern, an denen sich beispielhaft Rechtschreibstrategien aufbauen lassen und die für die Umwelt der Kinder und den Sachunterricht bedeutsam sind. Dieser Grundwortschatz der 1.-4. Klasse ist in Bayern verbindlich, jedoch auch allgemein hilfreich, da er den Kindern eine klare Struktur vorgibt. Er lässt sich jederzeit durch regional und individuell bedeutsame Wörter ergänzen. Im Rahmen des Rechtschreibtrainings arbeiten die Kinder kontinuierlich mit der Wörterliste und markieren die Wörter, die sie geübt haben, mit einem Strich. So ergibt sich eine gute Lernübersicht. Die Wörterliste zeigt den Kindern sichtbar ihr Lernpensum und macht ihnen beim späteren Markieren der bearbeiteten Wörter ihren zunehmenden Lernerfolg bewusst.
  Darüber hinaus werden die Kinder aufgefordert, auch mit einem „normalen" Wörterbuch zu arbeiten, wobei jedes Grundschul-Wörterbuch verwendbar ist.

## Hinweise zum Umgang mit dem Material

Sie können das Material sowohl in der Freiarbeit, bei Wochenplanarbeit oder beim thematisch gebundenen Klassenunterricht einsetzen.
Die vorgegebene Reihenfolge steigert sich von leichteren und grundlegenden Inhalten zu schwierigeren. Sie können diese Reihenfolge jedoch Ihrem individuellen Lehrplan entsprechend ändern.

*Welche Arbeitsutensilien brauchen die Kinder?*

Vor der Arbeit mit dem Material sollten die Kinder folgende Dinge griffbereit haben:
- ein Schreibheft
- einen Schnellhefter oder eine Mappe zum Abheften der bearbeiteten Blätter
- eine Prospekthülle zum Einlegen der Wörterliste, sodass die Kinder sie jederzeit schnell zur Hand haben (Günstig ist es, die Wörterliste immer oben auf die bearbeiteten Seiten zu heften.)

– ein beliebiges Grundschul-Wörterbuch
– Farbstifte zum Unterstreichen von unterschiedlichen Wortarten

Dazu verwenden die Kinder durchgängig die an der Schule eingeführten Farben (z. B. Verben rot, Nomen grün, Adjektive blau). Die (individuellen) Merkstellen von Wörtern werden im Material durchgängig gelb und Selbstlaute rosa markiert.

*Wie können Sie das Material einführen?*

Damit die Arbeit mit dem Material zügig vorangeht, empfiehlt es sich, zuerst die **Wörterliste** (7 Seiten) zu verteilen.

Als Ansporn können Sie z. B. folgende Wörter aus dem Grundwortschatz der 1./2. Klasse diktieren, die die Kinder auf ein Blatt untereinander schreiben: Blume – dunkel – Fuß – Herbst – Kuh – Mittwoch – Pferd – Rücken – schwimmen – Vogel. Anschließend tauschen je zwei Nachbarkinder ihre Blätter und korrigieren die Arbeit des Partners mithilfe der Wörterliste. Dabei haken sie richtige Wörter ab, falsche Wörter streichen sie durch.

Folgende Differenzierungen sind hier denkbar:
– Kinder, die alle Wörter richtig geschrieben haben, lesen die Erklärung zur Wörterliste durch,
– die anderen Kinder unterstreichen die falsch geschriebenen Wörter in der Wörterliste, die sie später (evtl. auch als Hausaufgabe) richtig daneben schreiben.

Daran kann sich ein gemeinsames Gespräch anschließen, in dem ein Schüler, der die Erklärung zur Wörterliste bereits gelesen hat, die Arbeitsweise mit ihr (vgl. S. 71) erläutert – ggf. mit Ihrer Hilfe.

Zu Beginn sollten Sie die Kinder zudem **in das selbstständige Arbeiten einführen**. Wahlweise können Sie entweder mit Seite 12 (Das ABC), Seite 14 (Genau lesen und deutlich sprechen) oder Seite 16 (Hallo, ich bin Florina) beginnen.
Motivierend ist es KF, Florina und Fidi anhand der Kopiervorlage (siehe S. 7) kurz vorzustellen.
Besprechen Sie dann mit den Kindern Aufgabe für Aufgabe. Später sind weniger Erklärungen erforderlich, da sich viele Aufgabentypen bewusst wiederholen oder die Aufgabenstellung klar ersichtlich ist. Wichtig ist, das Verfahren der Selbstkontrolle nachhaltig einzuüben:

– Vor dem Bearbeiten zuerst den Lösungsstreifen sorgfältig umknicken.
– Nach dem Bearbeiten der ersten Aufgabe den Lösungsstreifen aufknicken und Wort für Wort genau vergleichen. Richtig geschriebene Wörter werden abgehakt, falsch geschriebene Wörter werden durchgestrichen und richtig daneben geschrieben. Außerdem wird die Fehlerstelle beim richtigen Wort gelb markiert.

Machen Sie den Kindern deutlich, dass das selbstständige Kontrollieren mithilfe der Lösungsstreifen ihnen Erfolgserlebnisse vermitteln und ihnen dabei helfen will, „ihr eigener Lehrer zu sein“, Fehler selbst aufzuspüren und aus ihnen zu lernen. Denn: Es ist nicht schlimm Fehler zu machen, es ist nur schlecht, Fehler nicht zu finden!

Die kurzen Texte auf den Arbeitsblättern bieten sich nicht nur als Abschreibtexte an, sondern können auch als **Partnerdiktat** geübt werden. Auch hier sollten die Kinder ihr Diktat selbstständig prüfen. Wenn sie Fehler gemacht haben, schreiben sie die Fehlerwörter dreimal richtig auf und markieren ihre Merkstellen.

Differenzierung: Für leistungsfähige Kinder finden sich **leicht einsetzbare Zusatzaufgaben** ☆, die an die vorherigen Aufgaben anschließen und kaum weiterer Erklärungen bedürfen. Die „Sternchenaufgaben“ sollten allerdings nicht nur vermutlich leistungsfähigen Kindern vorbehalten bleiben, sondern jedes Kind kann sie freiwillig zusätzlich zum „Pflichtpensum“ bearbeiten.

## Überblick über Rechtschreibstrategien

Die Kinder sollen nicht nur geübte Wörter richtig schreiben können, sondern Strategien erlernen, mit deren Hilfe sie auch ihnen unbekannte Wörter richtig schreiben können.

*1. Mitsprechen*

Die grundlegende Rechtschreibstrategie ist das Mitsprechen (alphabetische Strategie).
Bei lauttreuen Wörtern lässt sich jedem gesprochenen Laut ein Buchstabe bzw. eine Buchstabenfolge (ch, sch, ng) zuordnen. Es gilt deshalb:
**Ich höre … und schreibe …**

Ein steigender Schwierigkeitsgrad ergibt sich aus der Wortlänge:

| kurze Wörter:<br>eine Silbe | längere Wörter:<br>zwei Silben | lange Wörter:<br>drei und mehr Silben |
|---|---|---|
| z. B. klar | z. B. anders, Beruf, Technik | z. B. entgegen, Ferien, Sekunde |

Bei bedingt lauttreuen Wörtern mit regelhaften Lautfolgen gilt:
*Ich spreche …, aber ich schreibe …*

| Wörter mit | den Endungen -en, -er, -el | ei, eu | st, sp am Wortanfang | qu |
|---|---|---|---|---|
| ich spreche | z. B. Tigä | ai, oi | scht, schp | kw |
| ich schreibe | Tiger | ei, eu | st, sp | qu |
| vgl. Seite | 14 f. | 13, 35 | 37 f. | |

**Hinweis:** Wenn ein Kind im Bereich 1 unsicher ist, sollte es zuerst diese Wörter üben.

*2. Regeln bewusst machen*

Orthografische Regeln und Strategien sind dem Kind bewusst zu machen und einzuüben, sodass es sie durch Nachdenken auch auf unbekannte Wörter übertragen kann.
*Ich schreibe Buchstaben, die ich nicht höre.*

| Großschreibung | langes i | Wortstammprinzip | | |
|---|---|---|---|---|
| als Ausnahme am Satzanfang, bei Namenwörtern und Fürwörtern der Höflichkeitsform | in der Regel ie (Häufigkeitsprinzip)<br><br>Wiese | Ableitungen bei Umlauten<br>Bälle → Ball<br>Bäume → Baum | Auslautverhärtung<br>Kind → Kinder<br>Korb → Körbe<br>Berg → Berge<br>schreibt → schreiben<br>zeigt → zeigen | silbentrennendes -h<br>Schuh → Schuhe<br>blüht → blühen |
| vgl. Seite 31 ff. | 44 | 45 | 22 ff. | 58 ff. |

*3. Nicht lauttreue Wörter merken*

Nicht lauttreue Wörter muss sich das Kind durch vielfältiges Üben merken.

| Mitlautverdopplung und Wörter mit tz, ck nach kurzem Vokal | Wörter mit orthografischen Merkstellen | | | | | |
|---|---|---|---|---|---|---|
| | V, v<br><br>Vogel<br>Vase | Dehnungs-h<br><br>fahren | doppelter Vokal<br><br>Meer | ß nur nach langem Vokal<br>groß | ks-Laut<br><br>Hexe<br>Fuchs | Buchstaben mit wechselnder Aussprache bei Fremdwörtern |
| vgl. Seite 47 ff. | 64 f. | 58 ff. | 61 | 66 | 69 | 70 |

## 4. Morphematische Strategien

Beim Zerlegen von Wörtern erkennen die Kinder Vorsilben, Nachsilben und Wortstamm als gleiche Bausteine und wenden morphematische Strategien an (vgl. S. 53 ff.).

## 5. Grammatische Strategien

Beim Umgang mit Sätzen und Texten erwerben die Kinder grammatische Strategien. Dabei lernen sie die Abhängigkeit der Schreibweise von Wortart und Grammatik, die Groß- oder Kleinschreibung, Getrennt- oder Zusammenschreibung, Silbentrennung und Zeichensetzung.

Liebe Kollegin, lieber Kollege, nach diesem kurzen Ausflug in die Theorie wünsche ich Ihnen viel Erfolg und Freude bei der Arbeit mit meinem Material.

Silvia Regelein

## Zeichenerklärung

 **Zusatzaufgabe**

 **Tipp**

 **Merke**

 **Achtung**

Name: _____     Datum: _____

# Das ABC

1. a) Ergänze das ABC und markiere die fünf Selbstlaute rosa.
   b) Suche in der **Wörterliste** zu jedem Buchstaben das erste
      und das letzte **fett gedruckte** Wort. Schreibe sie getrennt auf.

| | |
|---|---|
| **A** | *ähn-lich – au-ßen* |
| **B** | |
| **C** | |
| | |
| | |
| | |
| | |
| | |
| **I** | |
| **J** | |
| | |
| | |
| | |
| | |
| | |
| **Qu** | |
| **R** | |
| | |
| | |
| | |
| | |
| **W** | |
| | |
| **Z** | |

**Aufgabe 1:**
a)
D, E, F, G, H –
K, L, M, N, O, P –
S, T, U, V, X, Y

Selbstlaute:
A, E, I, O, U

b)
ba-cken – Brü-cke
Christ – Com-pu-ter
De-cke – Durst
Ecke – Eu-ro-pa
Feh-ler – Füh-rung
ganz – grü-ßen
Han-dy – hun-grig
im-pfen – in-te-res-sant
je-mand – jung
Kä-fig – Kuss
Land – Lohn
Mag-net – Müll
nah – nut-zen
of-fen – oh-ne
pack-en – Pro-gramm
qua-ken – Quel-le
Ra-dio – rüh-ren
sam-meln – Süß-ig-keit
Tan-ne– tro-cken
üb-en – Ur-laub
Va-se – Vor-sicht
wach-sen – wis-sen
zeich-nen – zu-sam-me

Name: _____   Datum: _____

Knicke zuerst den
Lösungsstreifen um.

2. a) Welche Buchstaben fehlen in diesem ABC? Trage sie ein.

| A | | | | E | | | | I | | | | |
|---|---|---|---|---|---|---|---|---|---|---|---|---|
| | O | | | | | | U | | | | | |

b) Wie nennt man die fehlenden Buchstaben?

_____

3. Suche in der *Wörterliste* zu jedem Wortanfang mit Doppellaut das erste **fett gedruckte** Wort. Schreibe es getrennt auf und markiere den Doppellaut rosa.

| **au** | *auf-räu-men* |
|---|---|
| **ei** | _____ |
| **Bei** | _____ |
| **hei** | _____ |
| **zei** | _____ |
| **bie** | _____ |
| **rie** | _____ |
| **Eu** | _____ |
| **deu** | _____ |
| **feu** | _____ |
| **Zeu** | _____ |

4. Male den großen Anfangsbuchstaben bei allen Namenwörtern (Nomen) farbig an.

 Bei manchen Wörtern gibt es schwierige Stellen, die ich mir besonders gut merke. Beispiel: süß

5. Markiere bei Aufgabe 1b) und 3 solche **Merkstellen** gelb.

 Suche in deinem Wörterbuch zu jedem Buchstaben das erste und das letzte Wort und schreibe es in dein Heft.

 Falte die Heftseite senkrecht zur Hälfte in zwei Spalten, sodass eine Tabelle entsteht.

**Aufgabe 2b):**
Mitlaute

**Aufgabe 3:**
ei-gent-lich
Bei-spiel
hei-zen
zeich-nen
bie-gen
Mie-te
rie-chen
Eu-ro-pa
deut-lich
feucht
Zeug-nis

Name: _____  Datum: _____

Knicke zuerst den
Lösungsstreifen um.

# Genau lesen und deutlich sprechen

> Hallo, hier ist Kommissar
> Fuchs. Nein, nicht Ochs,
> Fuchs. F – U – CH – S.
> Meine Freunde nennen
> mich kurz KF.

**Aufgabe 1:**
der Mund
der Dackel
der Fuchs

**Aufgabe 2:**
richtige Wörter:
Hund
Dackel
Fell
liegt
Kissen
Tiere
Haus
Fluss
Freunde
spielen
Garten

1. Lies genau und schreibe das Wort, das zu dem Bild passt, mit Begleiter auf.

| | | |
|---|---|---|
| die Maus<br>das Haus<br>der Hans<br>die Hand<br>der Hund<br>der Mund | der Stecken<br>das Becken<br>die Decken<br>der Deckel<br>der Dackel<br>die Fackel | der Wuchs<br>das Wachs<br>der Dachs<br>der Lachs<br>der Luchs<br>der Fuchs |
| _____ | _____ | _____ |

2. Lies genau und streiche das **falsche** Wort durch.

Meine ~~Doktor~~ Tochter heißt Florina. Wir haben auch einen Hund / Hand .

Fidi heißt unser Deckel / Dackel . Er hat ein schönes, weiches Fell / Fett .

Gerne liegt / lügt er auf seinem weichen Küssen / Kissen . Florina und ich lieben Tiere / Türe .

An unserem kleinen Haut / Haus fließt ein kleiner Fluss / Fluß vorbei.

Oft besuchen uns Florinas Freude / Freunde . Sie spülen / spielen gern in unserem Garten / Karten .

3. Schreibe den richtigen Text von Aufgabe 2 in dein Heft.
   Markiere deine Merkstellen gelb.

 Suche in der **Wörterliste** Wortpaare, die du leicht verwechseln kannst, und schreibe sie in dein Heft.

Name: _____     Datum: _____

4. Sprich deutlich und ordne diese Wörter
   richtig in die Tabelle ein.

 Achte auf die Endungen!

 Manche Buchstaben am
Wortende sind schwer
zu hören. Ich spreche
die Endungen deutlich.

Hasen – Fliegen –Igel – Wespen – Dackel – Käfer – Hamster – Amsel –
Tiger – Insekten – Vogel –Würmer

| -en | -el | -er |
|-----|-----|-----|
| | | |
| | | |
| | | |
| | | |

5. Florinas Lieblingstiere: Lies und sprich die Wörter deutlich.
   a) Streiche falsche Buchstaben durch oder zeige mit einem Strich, wo ein Buchstabe
      fehlt.
   b) Schreibe die Wörter richtig mit Begleiter darunter.

 Achtung! Wörter mit Fehlern!

H u|d                E u m e                K r u h

**_der Hund_**            **_die Eule_**            _____

E l f a n t            A n e i s e            K a t e z e

_____        _____        _____

H o s e                M a s                B e i n e

_____        _____        _____

F ü s c h e            I g l                S c h e t t e r l i n g

_____        _____        _____

 Zeichne in dein Heft eine Tabelle wie bei Aufgabe 4 und trage weitere
Namenwörter (Nomen) mit den Endungen -el und -er aus der **Wörterliste** ein.

Silvia Regelein: Richtig schreiben lernen – so klappt's! · 3. Klasse · Best.-Nr. 583 · © Brigg Pädagogik Verlag GmbH, Augsburg

---

**Aufgabe 4:**
**-en**
Hasen
Fliegen
Wespen
Insekten
**-el**
Igel
Dackel
Amsel
Vogel
**-er**
Käfer
Hamster
Würmer
Tiger

**Aufgabe 5:**
die Kuh
der Elefant
die Ameise
die Katze
der Hase
die Maus
die Biene
die Fische
der Igel
der Schmetterling

**-el**
Löffel
Rätsel
Schlüssel
Spiegel
**-er**
Bäcker
Donner
Fehler
Fernseher
Feuer
Gewitter
Götter
Kiefer
Länder
Lehrer
Lieder
Messer
Schalter
Steuer
Teller
Theater
Wälder

Name: _____  Datum: _____

Knicke zuerst den
Lösungsstreifen um.

# Richtig abschreiben – Namenwörter (Nomen)

### Hallo, ich bin Florina

1  Ich heiße Florina ☺ und bin neun _____ alt. ☺

2  Ich gehe ☺ in die dritte _____ . ☺ Eigentlich ☺

3  mag ich alle Fächer, ☺ doch am _____ ☺ habe ich

4  Mathematik, ☺ Deutsch und Sport . ☺ Die Schule

5  _____ mir ☺ und unsere _____ ☺ mag ich sehr. ☺

6  Jeden _____ ☺ freue ich mich darauf, ☺

7  meine _____ zu treffen. ☺ Wir haben uns _____ ☺

8  viel zu erzählen.

**Aufgabe 1:**
Jahre
Klasse
liebsten
gefällt
Lehrerin
Tag
Freunde
immer

**Aufgabe 2:**
eigentlich
erzählen
Lehrerin
treffen

**Aufgabe 4c):**
Florina
Jahre
Klasse
Fächer
Mathematik
Deutsch
Sport
Schule
Lehrerin
Tag
Freunde

1. Welche Wörter fehlen im Text? Trage sie hier ein:

Zeile 1: _____  Zeile 2: _____

Zeile 3: _____  Zeile 5: _____

Zeile 5: _____  Zeile 6: _____

Zeile 7: _____  Zeile 7: _____

Überprüfe deine Lösung und hake richtige Wörter ab.

2. Welche vier Wörter des Textes kannst du in deiner *Wörterliste* bei den **fett gedruckten** Wörtern finden?
Unterstreiche sie oben im Text und markiere sie in deiner Wörterliste, indem du einen Strich hinter diese Wörter setzt.

3. Diese drei Wörter im Text sind für mich schwierig:

_____

4. a) Lies den Text immer bis zum ☺ und schreibe ihn mit deiner schönsten Schrift richtig in dein Heft ab. Diese Abschreibregeln helfen dir dabei:

① Genau lesen von ☺ bis ☺ und merken.
② Beim Schreiben leise, aber deutlich mitsprechen.
③ Danach Wort für Wort vergleichen.

b) Markiere deine Merkstellen gelb.
c) Unterstreiche die Namenwörter (Nomen) im Heft farbig.

Name: _____ Datum: _____

Knicke zuerst den
Lösungsstreifen um.

5. Schreibe zu diesen Namenwörtern (Nomen) die Einzahl mit dem Begleiter dazu.
   Unterstreiche die Veränderungen in der Mehrzahl.

Jahre                          Klassen                          Fächer

**das Jahr** _____        _____                    _____

Lehrerinnen                    Tage                             Freunde

_____                   _____                    _____

6. Ergänze den Merksatz.

Namenwörter (Nomen) erkenne ich an ihrem _____

Anfangsbuchstaben und an ihrem _____ der, die oder das.

Im Wörterbuch stehen die Namenwörter (Nomen) in der Einzahl.

7. Diese Wörter kannst du im Text finden.
   Trage die fehlenden Großbuchstaben mit Bleistift ein.
   Schreibe die Tunwörter (Verben) in der Grundform.

|   |   |   |   | I | E | L |   |   |   |
|---|---|---|---|---|---|---|---|---|---|
|   |   |   |   | M | M |   |   |   |   |
|   | E | H | R |   |   |   |   |   |   |
|   |   |   |   | I | E | B |   |   |   |
|   |   |   |   | A | L | L |   |   |   |
|   |   |   | F | F |   |   |   |   |   |
|   |   |   |   | Z | Ä | H |   |   |   |
|   | A | T | H |   |   |   |   |   |   |
|   |   | N |   | N |   |   |   |   |   |
|   |   |   |   | L | I | C | H |   |   |
|   |   |   |   | O | C | H |   |   |   |
|   |   |   |   | S | C | H |   |   |   |

Lösungswörter: ___ ___ ___ ___ ___     ___ ___ ___ ___ ___ ___

Schreibe Florinas Text so, dass er für dich passt, und stelle dich vor.

**Aufgabe 5:**
die Klasse
das Fach
die Lehrerin
der Tag
der Freund

**Aufgabe 6:**
großen
Begleiter

**Aufgabe 7:**
viel
immer
Lehrerin
liebsten
gefallen
treffen
erzählen
Mathematik
neun
eigentlich
doch
Deutsch

Lösungswörter:
viele Freunde

Name: _____  Datum: _____

# Wörter nach dem 2. Buchstaben ordnen

Im Wörterbuch sind Wörter mit gleichen Anfangsbuchstaben nach dem zweiten Buchstaben geordnet.

Knicke zuerst den Lösungsstreifen um.

1. Ordne diese Wortanfänge nach dem zweiten Buchstaben und nummeriere sie in der richtigen Reihenfolge.

| | | | **1** | | | |
|---|---|---|---|---|---|---|
| bi ... | bo ... | bl ... | ba ... | bu ... | br ... | be ... |

| | | | **1** | | | |
|---|---|---|---|---|---|---|
| kl ... | ke ... | ki ... | ka ... | ku ... | ko ... | kr ... |

2. Suche in der **Wörterliste** zu jedem Wortanfang von Aufgabe 1 das erste und das letzte **fett gedruckte** Wort und schreibe es in dein Heft.

ba: ***backen – Bahn***        ka: ***Käfig – Kamm***
...                               ...

3. Achte auf den zweiten Buchstaben! Nummeriere die Wörter in der richtigen Reihenfolge und schreibe sie geordnet in dein Heft.

| | | | | | |
|---|---|---|---|---|---|
| _2_ zeichnen | ___ Wurzel | ___ Programm |
| ___ ziehen | ___ wachsen | ___ plötzlich |
| _1_ Zahn | ___ wechseln | ___ Pilz |
| ___ zusammen | ___ wieder | ___ Paket |

4. Unterstreiche den zweiten Buchstaben und schreibe die Wörter in der richtigen Reihenfolge in dein Heft.

a) Teller – Topf – Theater – Tüte – tausend – Traum – tief

b) Kuss – Kiefer – Kreuz – Käfig – Kompass – klettern – Knie – kennen

Suche im Wörterbuch zu jedem Wortanfang von Aufgabe 1 das erste und das letzte Wort und schreibe es in dein Heft.

## Lösungen

**Aufgabe 1:**
ba, be, bi, bl, bo, br, bu

ka, ke, ki, kl, ko, kr, ku

**Aufgabe 2:**
be: beginnen, bevor
bi: biegen, bisschen
bl: blicken, bloß
bo: bohren, boxen
br: Brand, Brücke

ke: kennen
ki: Kiefer
kl: klar – klettern
ko: Kompass
kr: kräftig – Krieg
ku: kühl – Kuss

**Aufgabe 3:**
2 zeichnen
3 ziehen
1 Zahn
4 zusammen
-----
4 Wurzel
1 wachsen
2 wechseln
3 wieder
----
4 Programm
3 plötzlich
2 Pilz
1 Paket

**Aufgabe 4:**
a) tausend
   Teller
   Theater
   tief
   Topf
   Traum
   Tüte

b) Käfig
   kennen
   Kiefer
   klettern
   Knie
   Kompass
   Kreuz
   Kuss

Silvia Regelein: Richtig schreiben lernen – so klappt's! · 3. Klasse · Best.-Nr. 583 · © Brigg Pädagogik Verlag GmbH, Augsburg

Name: _____     Datum: _____

# Die Endungen bei Tunwörtern (Verben) richtig schreiben

| Grundform | Wort-<br>stamm<br>hör | Endung<br>en |
|---|---|---|
| ich | hör | e |
| du | hör | st |
| er, sie, es | hör | t |
| wir | hör | en |
| ihr | hör | t |
| sie | hör | en |

| Grundform | Wort-<br>stamm<br>lauf | Endung<br>en |
|---|---|---|
| ich | lauf | e |
| du | läuf | st |
| er, sie, es | läuf | t |
| wir | lauf | en |
| ihr | lauf | t |
| sie | lauf | en |

1. Schreibe diese Tunwörter (Verben) in der Grundform auf und markiere sie in der *Wörterliste* mit einem Strich. Unterstreiche den Wortstamm.

er streitet

***streiten***
_____

ich weiß
_____

sie misst
_____

du hilfst
_____

du isst
_____

du nimmst
_____

er rät
_____

es wird
_____

sie wächst
_____

er lässt
_____

du gibst
_____

du kannst
_____

 Im Wörterbuch stehen die Tunwörter (Verben) in der Grundform.

2. Schreibe mit diesen Wörtern acht Sätze in der Er-sie-es-Form in dein Heft.

| ~~Unglück~~ | Feuer | ~~geschehen~~ | sehen |
|---|---|---|---|
| drehen | blühen | ruhen | Rad |
| Blume | nähen | Auge | glühen |
| Schneider | ziehen | Lok | Faultier |

Beispiel: ***Es geschieht ein*** _____ .

3. Ergänze den Merksatz.

 Der Trick mit der Grundform: In der Er-sie-es-Form kann ich das –h nicht _____ . Doch in der _____ höre ich das –h.

 Schreibe zu drei Tunwörtern (Verben) von Aufgabe 1 eine Tabelle wie ganz oben in dein Heft.

**Aufgabe 1:**
essen
wachsen
wissen
nehmen
lassen
messen
raten
geben
helfen
werden
können

**Aufgabe 2:**
Es geschieht ein Unglück.
Das Feuer glüht.
Das Rad dreht sich.
Die Blume blüht.
Der Schneider näht.
Das Auge sieht.
Die Lok zieht.
Das Faultier ruht.

**Aufgabe 3:**
hören
Grundform

Name: _____     Datum: _____

# Richtig abschreiben – Tunwörter (Verben)

### Der Morgen bei Florina

1  _____ ich mich wasche, ☺ macht Papa das Frühstück. ☺

2  Für mich richtet er eine _____ Kakao her, ☺

3  eine Schale Müsli mit _____ ☺ und ein Vollkornbrot. ☺

4  Dann _____ wir zusammen ☺ in aller Ruhe. ☺

5  Auch unser kleiner Fidi ☺ lässt es sich _____. ☺

6  Wenn ich dann meine _____ anziehe, ☺

7  _____ Fidi an mir _____ ☺ und sagt mir tschüss.

**Aufgabe 1:**
Während
Tasse
Früchten
essen
schmecken
Schuhe
springt
hoch

**Aufgabe 2:**
sagen
zusammen
Tasse
Früchte
während
machen
Vollkornbrot
Ruhe
springen
schmecken
wenn

Lösungswörter:
Guten Morgen

1. Welche Wörter fehlen im Text? Trage sie hier ein:

Zeile 1: _____     Zeile 2: _____

Zeile 3: _____     Zeile 4: _____

Zeile 5: _____     Zeile 6: _____

Zeile 7: _____     Zeile 7: _____

2. Diese Wörter kannst du im Text finden.
   Trage die fehlenden Großbuchstaben mit Bleistift ein.
   Schreibe die Tunwörter (Verben) in der Grundform.

|   |   |   | G |   |   |   |   |
|---|---|---|---|---|---|---|---|
|   |   |   |   | A | M | M |   |
|   |   |   | A | S | S |   |   |
|   | Ü | C | H |   |   |   |   |
|   | Ä | H |   |   |   |   |   |
|   |   |   |   | C | H | E | N |
|   | L | L |   |   |   |   |   |
|   |   |   | U | H |   |   |   |
|   | R | I | N |   |   |   |   |
|   |   |   | E | C | K |   |   |
|   | W | E |   |   |   |   |   |

Lösungswörter: _____ _____ _____

Name: _____  Datum: _____

Knicke zuerst den
Lösungsstreifen um.

3. Weißt du noch, wie du beim Abschreiben vorgehen solltest?

So schreibe ich richtig ab:

① _____

② _____

_____

③ _____

4. Lies den Text immer bis zum ☺ und schreibe ihn mit deiner schönsten Schrift richtig in dein Heft ab.
Markiere deine Merkstellen gelb.
Unterstreiche die Tunwörter (Verben) in deinem Heft farbig.

5. Welche sieben Wörter des Textes kannst du in deiner *Wörterliste* bei den **fett gedruckten** Wörtern finden? Unterstreiche sie im Text und markiere sie in der Liste mit einem Strich.

6. Diese drei Wörter im Text sind für mich schwierig:

_____

7. Schreibe zu diesen Tunwörtern (Verben) die Grundform auf.

sie wäscht *waschen*_____   sie nimmt _____

sie isst _____   er frisst _____

er lässt _____   sie fährt _____

er springt _____   er schläft _____

sie zieht an _____   es schmeckt _____

sie sagt _____   er hilft _____

er macht _____   sie versucht _____

er richtet _____   sie vergisst _____

8. Ergänze den Merksatz.

Im Wörterbuch stehen die Tunwörter in der _____ .

Schreibe Florinas Text so, dass er für dich passt: Beschreibe deinen Morgen.

**Aufgabe 3:**
① Genau lesen von ☺ bis ☺ und merken.
② Beim Schreiben leise, aber deutlich mitsprechen.
③ Danach Wort für Wort vergleichen.

**Aufgabe 4:**
*Tunwörter (Verben):*
wasche
macht
richtet
essen
lässt
schmecken
anziehe
springt
sagt

**Aufgabe 5:**
während
Tasse
zusammen
Ruhe
lässt
schmecken
(an-)ziehen

**Aufgabe 7:**
essen
lassen
springen
anziehen
sagen
machen
richten

nehmen
fressen
fahren
schlafen
schmecken
helfen
versuchen
vergessen

**Aufgabe 8:**
Grundform

Name: _____  Datum: _____

# Wörter verlängern – d im Auslaut

**d oder t am Wortende?**

KF fährt mit seinem Ra___ durch den Wal___ .

Ra**?** → die Räder, also Ra**d**    Wal**?** → die Wälder, also Wal**d**

1. Ergänze den Merksatz.

| | |
|---|---|
|  | In der _____ kann ich **d** deutlich hören. |

2. Verlängere diese Namenwörter (Nomen) und markiere sie in deiner *Wörterliste* mit einem Strich.

| Mehrzahl | getrennte Mehrzahl | Einzahl |
|---|---|---|
| *Brände* | *Brän-de* | der Bran**d** |
| | | das Lan___ |
| | | die Han___ |
| | | das Lie___ |
| | | der Wal___ |
| | | das Bil___ |
| | | der Freun___ |

3. So kannst du Wiewörter (Adjektive) verlängern:

frem**?** → ein fremder Hund, also frem**d**

| verlängertes Wiewort (Adjektiv) | getrennt | Wiewort (Adjektiv) |
|---|---|---|
| ein *blindes* Pferd | *blin-des* | blin**d** |
| ein                Kind | | gesun___ |
| ein                Land | | frem___ |
| ein                Hund | | wil___ |
| ein                Bild | | run___ |

| | |
|---|---|
|  | Suche in der *Wörterliste* alle **fett gedruckte Wörter** mit **d** am Wortende, markiere sie mit einem Strich und schreibe sie auf. |

Knicke zuerst den Lösungsstreifen um.

**Aufgabe 1:**
Mehrzahl

**Aufgabe 2:**
Län-der
Hän-de
Lie-der
Wäl-der
Bil-der
Freun-de

**Aufgabe 3:**
ge-sun-des
frem-des
wil-der
run-des

⭐
Brand
jemand
Jugend
Land
Lied
Strand
Wald
während
wild

Name: _____     Datum: _____

# Wörter verlängern – b im Auslaut

**b** oder **p** am Wortende?

Ich ha___ dich so lie___ .

ha**?** → ha**b**en   lie**?** → ein lie**b**es Kind

1. Ergänze den Merksatz.

Beim _____ kann ich **b** deutlich hören.

Tunwörter (Verben) verlängere ich mit der _____,

Wiewörter (Adjektive) mit einer verwandten Wortform und Namenwörter mit

der _____.

2. Verlängere diese Tunwörter (Verben) und markiere sie in deiner *Wörterliste* mit einem Strich.

| Grundform | getrennte Grundform | Aufforderung |
|-----------|---------------------|--------------|
| *bleiben* | *blei-ben* | Blei**b** gesund. |
|  |  | Kle___ fest. |
|  |  | Erle___ nur Gutes. |
|  |  | He___ nicht schwer. |
|  |  | Lo___ mich mal. |
|  |  | To___ nicht herum. |
|  |  | Schie___ das weg. |
|  |  | Schrei___ schön. |
|  | – | Ü___ fleißig. |

3. Verlängere die Namenwörter (Nomen) und markiere sie in deiner *Wörterliste* mit einem Strich.

| Mehrzahl | getrennte Mehrzahl | Einzahl |
|----------|--------------------|---------|
| *Diebe* | *Die-be* | der Die**b** |
|  |  | der Urlau___ |
|  |  | das Sie___ |
|  |  | der Sta___ |

 Schreibe zu den Wörtern von Aufgabe 2 und 3 Reimwörter auf.

**Aufgabe 1:**
Verlängern
Grundform
Mehrzahl

**Aufgabe 2:**
kle-ben
er-le-ben
he-ben
lo-ben
to-ben
schie-ben
schrei-ben
üben*

*nicht trennbar

**Aufgabe 3:**
Ur-lau-be
Sie-be
Stä-be

bleiben/ schreiben/ reiben

kleben/ erleben/ heben/ leben

schieben/ lieben/ sieben/ trieben

Dieb/ Sieb/ Trieb/ schrieb/ lieb

Urlaub/ Laub/ Staub/ Raub

Stab/ Grab

Name: _____     Datum: _____

# Wörter verlängern – g im Auslaut

**g oder k am Wortende?**

Bie___ den Draht vorsichti___ um den Käfi ___.

bie**?** → bie**g**en      vorsichti**?** → ein vorsichti**g**es Kind      Käfi**?** → Käfi**g**e

**Aufgabe 1:**
Verlängern
Grundform
Mehrzahl

**Aufgabe 2:**
flie-gen
bewe-gen
lü-gen
schwei-gen
schla-gen
zei-gen

**Aufgabe 3:**
Kä-fi-ge
Krie-ge
Schlä-ge
Zwei-ge

1. Ergänze den Merksatz.

> Beim _____ kann ich **g** deutlich hören.
>
> Tunwörter (Verben) verlängere ich mit der _____,
>
> Wiewörter (Adjektive) mit einer verwandten Wortform und Namenwörter mit
>
> der _____ .

2. Verlängere diese Tunwörter (Verben) und markiere sie in deiner *Wörterliste* mit einem Strich.

| Grundform | getrennte Grundform | Aufforderung |
|---|---|---|
| *biegen* | *bie-gen* | Bie **g** nach rechts ab. |
| | | Flie___ nicht fort. |
| | | Bewe___ dich viel. |
| | | Lü___ nicht. |
| | | Schwei___ sofort. |
| | | Schla___ niemanden. |
| | | Zei___ nach links. |

3. Verlängere die Namenwörter (Nomen) und markiere sie in deiner *Wörterliste* mit einem Strich.

| Mehrzahl | getrennte Mehrzahl | Einzahl |
|---|---|---|
| *Flug* | *Flü-ge* | der Flu **g** |
| | | der Käfi___ |
| | | der Krie___ |
| | | der Schla___ |
| | | der Zwei___ |

Schreibe zu den Wörtern von Aufgabe 3 sinnvolle Sätze in dein Heft.

Silvia Regelein: Richtig schreiben lernen – so klappt's! · 3. Klasse · Best.-Nr. 583 · © Brigg Pädagogik Verlag GmbH, Augsburg

Name: _____ Datum: _____

# Wiewörter (Adjektive) mit -ig

1. a) Was gehört zusammen? Schreibe die richtige Nummer dazu.

| 1 Ruhe | 2 gefährlich | 3 Geduld | 4 ängstlich |
|---|---|---|---|
| 5 lustig | 6 schuldig | 7 spaßig | 8 Natur |
| ___ geduldig | ___ natürlich | ___ Gefahr | 1 ruhig |
| ___ Angst | ___ Spaß | ___ Lust | ___ Schuld |

b) Markiere die Wörter in der **Wörterliste** mit einem Strich.
c) Trage die Wiewörter (Adjektive) von Aufgabe 1a) richtig ein.

| Nachsilbe **-ig** | Nachsilbe **-lich** |
|---|---|
| _____ | _____ |
| _____ | _____ |
| _____ | _____ |
| _____ | _____ |
| _____ | _____ |

2. Bilde aus diesen Namenwörtern (Nomen) Wiewörter (Adjektive) mit der Nachsilbe -ig und markiere sie in der **Wörterliste** mit einem Strich.

| | Wiewort (Adjektiv) mit -ig | verlängertes Wiewort (Adjektiv) | |
|---|---|---|---|
| Durst | *durstig* | ein *durs-ti-ger* Hund | |
| Hunger | | | Baby |
| Fleiß | | | Kind |
| Kraft | | | Stoß |
| Schmutz | | | Hose |
| Vorsicht | | | Fahrer |
| Ecke | | | Form |
| Ruhe | | | Klasse |

3. Ergänze den Merksatz.

Beim _____ kann ich die Nachsilbe **-ig** hören.

Schreibe zu den Wiewörtern (Adjektiven) mit -ig von Aufgabe 1 Sätze in dein Heft.

Silvia Regelein: Richtig schreiben lernen – so klappt's! · 3. Klasse · Best.-Nr. 583 · © Brigg Pädagogik Verlag GmbH, Augsburg

# Fehler bei Wiewörtern berichtigen

⚡ **Achtung! Text mit Fehlern!**

Wild rennt Fidi im Garten herum.
Dreckik, durstik und hungrik schleicht er dann ins Haus.

1. Streiche die drei falsch geschriebenen Wiewörter (Adjektive) durch.

2. Die 1-2-3-4-Regel bringt dir Glück!

   Berichtige Fehler bei Wiewörtern (Adjektiven) so:
   ① Das Wort richtig schreiben und die Fehlerstelle gelb markieren: dreckig
   ② Das Wort verlängern und trennen:
      ein drecki-ger Hund
   ③ Reimwörter mit gleicher Schreibweise aufschreiben: eckig, speckig
   ④ Im Wörterbuch verwandte Wörter suchen:
      dreckiger, am dreckigsten, der Dreck, verdreckt

   Berichtige ebenso die beiden anderen Fehlerwörter.

   ~~durstik~~

   | richtig schreiben Fehlerstelle gelb | |
   |---|---|
   | verlängern | |
   | Verwandte | |

   ~~hungrik~~

   | richtig schreiben Fehlerstelle gelb | |
   |---|---|
   | verlängern | |
   | Verwandte | |

3. Schreibe die richtige Nachsilbe (-ig oder -lich) dazu und markiere die Wiewörter (Adjektive) anschließend in der **Wörterliste** mit einem Strich.

   fert_____        häuf _____     richt_____     schwier_____     schreck_____

   vollständ_____   wen _____      wicht_____     glück_____       zukünft_____

   schmerz_____     läst _____     fett _____     sonn _____       end _____

Name: _____ Datum: _____

# Fehler bei Tunwörtern berichtigen

 **Achtung! Text mit Fehlern!**

Mitten auf der Straße bleipt das Auto stehen und
bewekt sich nicht mehr.
Wütend schiebt Kommissar Fuchs es zur Seite.

1. Streiche die zwei falsch geschriebenen Tunwörter (Verben)
   durch.

2. Zeichne das Kleeblatt in dein Heft und ergänze die
   1-2-3-4-Regel.

3. Berichtige die Tunwörter (Verben) aus Aufgabe 1 mit der
   1-2-3-4-Regel.

~~bleipt~~

| richtig schreiben Fehlerstelle gelb | |
| --- | --- |
| verlängern | |
| Reimwörter | |
| Verwandte | |

~~bewekt~~

| richtig schreiben Fehlerstelle gelb | |
| --- | --- |
| verlängern | |
| Reimwörter | |
| Verwandte | |

4. Setze den richtigen Buchstaben ein und schreibe die getrennte Grundform auf.

er bewe____t  → ***be-we-gen***          er schwei____t  → _____

er wie____t   → _____          er ü____t       → _____

er erle____t  → _____          er erlau____t   → _____

er bie____t   → _____          er pfle____t    → _____

 Markiere die Tunwörter (Verben) von Aufgabe 4 in der ***Wörterliste*** mit
einem Strich.

**Aufgabe 1:**
~~bleipt~~
~~bewekt~~

**Aufgabe 2:**
richtig schreiben;
verlängern;
reimen;
Verwandte

**Aufgabe 3:**
bleibt;
blei-ben;
rei-ben, reibt,
schrei-ben, schreibt;
blieb, geblieben,
wegbleiben

bewegt;
be-we-gen;
le-gen, legt;
Bewegung

**Aufgabe 4:**
wiegt → wie-gen
erlebt → er-le-ben
er biegt → bie-gen

schweigt → schwei-gen
übt → üben
erlaubt → er-lau-ben
pflegt → pfle-gen

Silvia Regelein: Richtig schreiben lernen – so klappt's! · 3. Klasse · Best.-Nr. 583 · © Brigg Pädagogik Verlag GmbH, Augsburg

Name: _____     Datum: _____

# Fehler bei Namenwörtern berichtigen

⚡ **Achtung! Text mit Fehlern!**

Im Urlaup geht Kommissar Fuchs mit Florina durch einen kleinen
Walt an den Strant.

1.  Streiche die drei falsch geschriebenen Namenwörter (Nomen) durch.

2.  Berichtige die Namenwörter (Nomen) mit der 1-2-3-4-Regel.

| richtig schreiben Fehlerstelle gelb | *der U* |
|---|---|
| verlängern | |
| Reimwörter | |
| Verwandte | |

| richtig schreiben Fehlerstelle gelb | |
|---|---|
| verlängern | |
| Reimwörter | |
| Verwandte | |

| richtig schreiben Fehlerstelle gelb | |
|---|---|
| verlängern | |
| Reimwörter | |
| Verwandte | |

3.  Setze den richtigen Buchstaben ein und schreibe die getrennte Mehrzahl auf.

das Lie___ → *Lie-der*_____     das Pfer___ → _____

der Käfi___ → _____     das Lan___ → _____

der Krie___ → _____     der Mon___ → _____

der Bran___ → _____     der Flu ___ → _____

das Hem ___ → _____     der Aben ___ → _____

 Markiere die Namenwörter (Nomen) von Aufgabe 3 in der **Wörterliste** mit
einem Strich.

**Aufgabe 1:**
~~Urlaup~~
~~Walt~~
~~Strant~~

**Aufgabe 2:**
der Urlaub;
Ur-lau-be;
Laub, Raub, taub;
Sommerurlaub
Winterurlaub
Urlaubsgegend

der Wald;
die Wäl-der;
bald
Laubwald;
Waldboden

der Strand;
die Strän-de;
Rand, Brand
Land, Hand;
Strandurlaub
Strandkorb
stranden

**Aufgabe 3:**
Käfig → Kä-fi-ge
Krieg → Krie-ge
Brand → Brän-de
Hemd → Hem-den

Pferd → Pfer-de
Land → Län-der
Mond → Mon-de
Flug → Flü-ge
Abend → Aben-de

Name: _____  Datum: _____

# Auslaute -b, -d, -g

### Ritterspiele

1 KF erzählt Florina ☺ aus seiner Jugen___: ☺

2 Ich wohnte auf dem Lan___ ☺ und spielte fast an jedem Ta___ ☺

3 mit meinem Freun___ ☺ im nahen Wal___. ☺ Eine versteckte Höhle ☺

4 war unsere Bur___. Aus kräftigem Papier ☺ und gelbem Lau___ ☺

5 hatten wir uns goldene Helme ☺ gebastelt. ☺ Ein kleiner Ast ☺

6 war unser Pfer___. ☺ Darauf ritten wir ☺ durch den Wal___ ☺ und

7 hielten Ausschau, ☺ ob sich jemand nähert. ☺ Das war spannen___!

1. Setze **b**, **d** oder **g** ein. Schreibe die Wörter in dein Heft und verlängere sie, wenn möglich.

   Zeile 1: *Jugend*

   Zeile 2: *Land – Länder ...*

2. Ergänze den Merksatz.

> Oft kann ich nicht richtig hören, wie ein Wort am Wortende geschrieben werden muss. Dann hilft es, das Wort zu _____.
> Wörter, die ich nicht verlängern kann, muss ich mir merken.

3. Welche neun Wörter des Textes kannst du in deiner *Wörterliste* bei den **fett gedruckten** Wörtern finden?
   Unterstreiche sie im Text und markiere sie in der Liste mit einem Strich.

4. a) Lies den Text immer bis zum ☺ und schreibe ihn mit deiner schönsten Schrift richtig in dein Heft ab. Markiere deine Merkstellen gelb.

   b) Unterstreiche Namenwörter (Nomen), Tunwörter (Verben) und Wiewörter (Adjektive) farbig.

5. Diese drei Wörter im Text sind für mich schwierig:

   _____

Was weißt du über Ritter? Schreibe es auf.

Bist du unsicher, wie ein Wort geschrieben wird? Dann schlage es in deinem Wörterbuch nach.

---

**Aufgabe 1:**
Tag – Tage
Freund – Freunde
Wald – Wälder
Burg – Burgen
Laub
Pferd – Pferde
spannend –
ein spannendes Spiel

**Aufgabe 2:**
verlängern

**Aufgabe 3:**
erzählen
Jugend
Land
nah
Wald
Höhle
kräftig
Laub
jemand

**Aufgabe 4b):**
*Namenwörter:*
Jugend, Land, Tag, Freund, Wald, Höhle, Burg, Papier, Laub, Helme, Ast, Pferd, Wald, Ausschau

*Tunwörter:*
erzählt, wohnte, spielte, war, hatten ... gebastelt, war, ritten, hielten, nähert, war

*Wiewörter:*
nahen, versteckte, kräftigem, gelbem, goldene, kleiner, spannend

Name: _____    Datum: _____

Knicke zuerst den Lösungsstreifen um.

# Wörter nach dem 3. Buchstaben ordnen – Wörter mit St-, st- / Ge-, ge-

1. Ordne diese Wortanfänge nach dem dritten Buchstaben und nummeriere sie in der richtigen Reihenfolge.

| | | | | | **1** |
|---|---|---|---|---|---|
| **str …** | **sto …** | **ste …** | **sti …** | **stu …** | **sta …** |

2. Suche in der *Wörterliste* zu jedem Wortanfang das erste und das letzte **fett gedruckte** Wort.

**sta:** die _____ – _____

**ste:** _____ – _____

**sti:** _____ – _____

**sto:** _____ – _____

**str:** _____ – _____

**stu:** _____ – _____

3. Achte auf den dritten Buchstaben. Nummeriere die Wörter und schreibe sie geordnet in dein Heft.

| | | |
|---|---|---|
| ____ Steuer | ____ Sport | ____ Klingel |
| ____ Stiel | ____ Spaß | ____ klettern |
| _1_ Stadt | ____ Speck | ____ klug |
| ____ Stoff | ____ Spiegel | ____ klar |

4. Unterstreiche den dritten Buchstaben und schreibe die Wörter in der richtigen Reihenfolge auf.

geheim – gelingen – Gedanke – Geruch – Geburt – Gegenteil – gewinnen – Gefahr – Geschäft – genug – Gepäck – Gemeinde

*Geburt* _____

_____

_____

Suche im Wörterbuch zu jedem Wortanfang von Aufgabe 1 das erste und das letzte Wort und schreibe es in dein Heft.

Silvia Regelein: Richtig schreiben lernen – so klappt's! · 3. Klasse · Best.-Nr. 583 · © Brigg Pädagogik Verlag GmbH, Augsburg

Name: _____     Datum: _____

# Großschreibung am Satzanfang

### Florinas Tipps zur Gesundheit

1 ___eine Kleidung ☺ wähle ich so aus, ☺ dass sie zum Wetter passt. ☺

2 ___ch ernähre mich gesund. ___ch esse nur wenig ☺

3 Süßigkeiten und Fett, ☺ aber viel Obst und Gemüse. ☺

4 ___ch bin in einem Sportverein ☺ und bewege mich viel. ☺

5 ___ine Stunde, ☺ bevor ich zu Bett gehe, ☺

6 wird der Fernseher ausgemacht. ☺ ___amit ich am nächsten Tag ☺

7 fleißig lernen kann, ☺ gehe ich bald ins Bett.

1. Kennzeichne die Punkte am Satzende rot. Trage die **großen** Buchstaben am Satzanfang mit einem roten Stift ein.

2. Welche zehn Wörter des Textes kannst du bei den **fett gedruckten** Wörtern in deiner *Wörterliste* finden? Unterstreiche sie im Text und markiere sie in der Liste mit einem Strich.

3. Lies den Text immer bis zum ☺ und schreibe ihn mit deiner schönsten Schrift richtig in dein Heft ab.
   Markiere deine Merkstellen gelb.

4. Diese drei Wörter im Text sind für mich schwierig:

   _____

5. Diese Wörter kannst du im Text finden.
   Trage die fehlenden Großbuchstaben mit Bleistift ein.
   Schreibe die Tunwörter (Verben) in der Grundform.

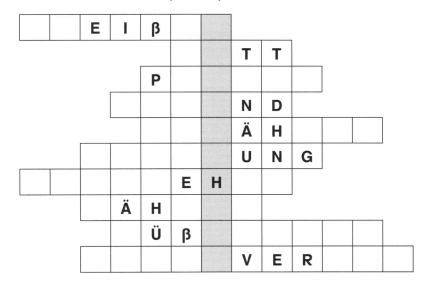

Lösungswort: ___  ___  ___  ___  ___  ___  ___  ___  ___  ___

*ß gibt es nicht als Großbuchstaben, weil es nie am Wortanfang steht.

Name: _____          Datum: _____

Knicke zuerst den Lösungsstreifen um.

## Florinas Lieblingsrezept für ein gesundes Pausenbrot

FÜR MEIN PAUSENBROT BRAUCHE ICH EINE GELBE PAPRIKA, DREI DÜNNE SCHEIBEN VOLLKORNBROT UND STREICHKÄSE ZUERST WASCHE ICH EINE GELBE PAPRIKA UND SCHNEIDE SIE IN SCHMALE STREIFEN DANN BESTREICHE ICH ZWEI SCHEIBEN VOLLKORNBROT MIT KÄSE NUN DRÜCKE ICH DIE PAPRIKASTREIFEN IN DEN KÄSE ANSCHLIEßEND LEGE ICH BEIDE BROTE ÜBEREINANDER ZUM SCHLUSS LEGE ICH ALS DECKEL NOCH EINE BROTSCHEIBE DARAUF

6. Warum kannst du Florinas Rezept nur schwer lesen?

   _____

   _____

7. Trage mit einem roten Stift die Punkte am Satzende ein und unterstreiche die Buchstaben am Satzanfang mit einem roten Stift.

8. Ergänze den Merksatz.

   Eins, zwei, drei los – das Wort am Satzanfang schreib ich

   _____ .

9. Schreibe den Text richtig in dein Heft ab.

10. Setze mit einem roten Stift die richtigen Satzzeichen am Satzende und die Buchstaben am Satzanfang ein.

    **A** ___eute habe ich ein besonders leckeres Pausenbrot gemacht___

    **B** ___ögt ihr auch so gerne Paprika___

    **C** ___oll, dass es euch auch so gut schmeck ___

11. In welcher Sprechblase stehen diese Sätze? Kreuze an.

    Aussagesatz:  ☐ A   ☐ B   ☐ C

    Ausrufesatz:  ☐ A   ☐ B   ☐ C

    Fragesatz:    ☐ A   ☐ B   ☐ C

    ⭐ Schreibe dein Lieblingsrezept für ein gesundes Pausenbrot auf.

Silvia Regelein: Richtig schreiben lernen – so klappt's! · 3. Klasse · Best.-Nr. 583 · © Brigg Pädagogik Verlag GmbH, Augsburg

Name: _____     Datum: _____

# Merkmale von Wörtern (Nomen – Verben – Adjektive)

**Gesucht!**
Wortart: Nomen
Silben: eine
Buchstaben: 5
Besonderes Merkmal: -chs

1. Unterstreiche diese Namenwörter (Nomen), Tunwörter (Verben) und Wiewörter (Adjektive) farbig.

   treu – spazieren– Heizung – deutlich – frieren – deutsch –
   Zeitung – informieren – Freiheit

2. Schreibe zu jedem Steckbrief das passende Wort von oben und markiere es in deiner **Wörterliste** mit einem Strich.

| a) | b) | c) |
|---|---|---|
| Wortart: Nw* | Wortart: Tw* | Wortart: Ww* |
| Silben: 2 | Silben: 4 | Silben: eine |
| Buchstaben: 8 | Buchstaben: 11 | Buchstaben: 7 |
| Merkmal: -ei- | Merkmal: -ie- | Merkmal: -eu- |
|  |  |  |

*Abkürzungen: Nw (Namenwort), Tw (Tunwort), Ww (Wiewort)

3. Schreibe zu diesen Wörtern einen Steckbrief und markiere sie in deiner **Wörterliste** mit einem Strich.

| a) schrecklich | b) aufräumen | c) Geburtstag |
|---|---|---|
| Wortart: _____ | Wortart: _____ | Wortart: _____ |
| Silben: _____ | Silben: _____ | Silben: _____ |
| Buchstaben: _____ | Buchstaben: _____ | Buchstaben: _____ |
| Merkmal: _____ | Merkmal: _____ | Merkmal: _____ |

| d) schließen | 3) Nahrung | f) glücklich |
|---|---|---|
| Wortart: _____ | Wortart: _____ | Wortart: _____ |
| Silben: _____ | Silben: _____ | Silben: _____ |
| Buchstaben: _____ | Buchstaben: _____ | Buchstaben: _____ |
| Merkmal: _____ | Merkmal: _____ | Merkmal: _____ |

⭐ Schreibe zu den Wörtern von Aufgabe 1 einen Steckbrief in dein Heft.

Name: _____     Datum: _____

Knicke zuerst den Lösungsstreifen um.

# Wortfamilien

1. a) Unterstreiche den Wortstamm aller Wörter mit der passenden Wortartfarbe.
   b) Ordne die Wörter nach Wortarten.

Wortfamilie  | **glück** |

Namenwörter (Nomen):

_____

Tunwörter (Verben):

_____

Wiewörter (Adjektive):

_____

2. Ergänze den Merksatz.

Wörter mit gleichem _____ gehören zu einer

_____. Wenn ich mir den Wortstamm merke,

kann ich auch die verwandten Wörter richtig schreiben.

3. Hier sind die Wörter von zwei Wortfamilien vermischt. Ordne sie ein und unterstreiche den Wortstamm der Wörter jeweils mit der passenden Wortartfarbe.

fühlen – führen – Lokführer – gefühlt – Führung – Gefühl – Fühler – aufführen –
durchführen – geführt – fühlbar – gefühlvoll – Führerschein – mitfühlen

| Wortfamilie **fühl** | Wortfamilie **führ** |
|---|---|
| _____ | _____ |
| _____ | _____ |
| _____ | _____ |
| _____ | _____ |
| _____ | _____ |
| _____ | _____ |

Schreibe zu den Wörtern von Aufgabe 1 sinnvolle Sätze auf.

Silvia Regelein: Richtig schreiben lernen – so klappt's! · 3. Klasse · Best.-Nr. 583 · © Brigg Pädagogik Verlag GmbH, Augsburg

---

Name: _____     Datum: _____

# Wörter mit eu – Reimwörter

### Hilfe! Es brennt

1  Florina erzählt ihrem Papa ☺ einen Sitz: ☺

2  Ein Mann wählt ☺ die Kummer 112 ☺ und meldet einen Strand. ☺

3  Der Feuerwehrmann fragt: ☺ „Und wie kommen wir zu Ihnen?" ☺

4  Der Mann sagt: ☺ „Bisher Ratten Sie ☺ doch immer so ein ☺

5  großes, rotes Auto. ☺ Haben Sie das nicht sehr?"

1. Welche Wörter passen nicht zum Text? Berichtige sie hier.

   Zeile 1: *Witz* _____

   Zeile 2: _____

   Zeile 2: _____

   Zeile 4: _____

   Zeile 5: _____

  Beim Dichten darf ich frei reimen (Beispiel: sehr – Meer).
Beim Rechtschreiben muss die Schreibweise gleich sein, nur der Wortanfang darf sich ändern (Beispiel: sehr – mehr).

2. Welche sieben Wörter des Textes kannst du in deiner *Wörterliste* bei den **fett gedruckten** Wörtern finden? Unterstreiche sie im Text und markiere sie in der Liste mit einem Strich.

3. Diese drei Wörter im Text sind für mich schwierig:

   _____

4. Ergänze den Merksatz.

  Die höflichen Anredefürwörter **Sie, Ihnen** haben einen
_____ Anfangsbuchstaben .

5. a) Lies den Text immer bis zum ☺ und schreibe ihn mit deiner schönsten Schrift richtig in dein Heft ab. Markiere deine Merkstellen gelb.
   b) Unterstreiche Namenwörter (Nomen), Tunwörter (Verben) und Wiewörter (Adjektive) farbig.

Silvia Regelein: Richtig schreiben lernen – so klappt's! · 3. Klasse · Best.-Nr. 583 · © Brigg Pädagogik Verlag GmbH, Augsburg

Name: _____  Datum: _____

6. Übertrage die Tabelle in dein Heft und schreibe noch mehr Wörter zur Wortfamilie **feu** auf.

| zusammengesetzte Namenwörter (Nomen) | Tunwörter (Verben) | Wiewörter (Adjektive) |
|---|---|---|
| das Feuerwerk | feuern | feuerrot |
| ... | ... | ... |

7. Diese Wörter kannst du im Text finden.
   Trage die fehlenden Großbuchstaben mit Bleistift ein. Schreibe die Tunwörter (Verben) in der Grundform.

Lösungswort: ___ ___ ___ ___ ___ ___ ___ ___ ___

8. Schreibe zu diesen Wörtern mit -eu- verwandte Wörter auf und markiere sie in deiner *Wörterliste* mit einem Strich.

| Namenwörter (Nomen) | Tunwörter (Verben) | Wiewörter (Adjektive) |
|---|---|---|
| | deuten | |
| | anfeuchten | |
| | ankreuzen | |
| | | leuchtend |
| | | versteuert |
| | betreuen | |
| | | überzeugend |

Schreibe einen Witz für die Klassen-Pinnwand.

Aufgabe 6:
*Namenwörter:*
Feuerwache, Feuerspritze, Kaminfeuer, Feuerholz ...

*Tunwörter:*
anfeuern, wegfeuern, verfeuern ...

*Wiewörter:*
feurig ...

Aufgabe 7:
Feuerwehrmann
erzählen
Nummer
mehr
Brand
wählen
melden
Ihnen
fragen

Lösungswort:
Feuerwehr

Aufgabe 8:
Deutlichkeit – deutlich
Feuchtigkeit – feucht
Kreuz – kreuzend
Beleuchtung – leucht
Steuer – steuern
Treue – treu
Zeugnis – überzeuge

Silvia Regelein: Richtig schreiben lernen – so klappt's! · 3. Klasse · Best.-Nr. 583 · © Brigg Pädagogik Verlag GmbH, Augsburg

# Wörter mit St-/st-

Das Stachelschwein,
das Stachelschwein,
das sticht mit seinen Stacheln
groß und klein.

1. Lies und sprich deutlich. Ergänze den Merksatz.

 Am Wortanfang spreche ich „scht", aber ich schreibe _____ .

2. a) Setze den Wortanfang **St-** ein und schreibe die Wörter in der Mehrzahl getrennt auf.
   b) Markiere die Wörter in deiner *Wörterliste* mit einem Strich.

die **St** adt          der ___amm          der ___iel          die ___unde

*Städ-te*

der ___off          das ___ück          der ___ängel          die ___euer

_____

der ___rauß          der ___rand          die ___raße          der ___uhl

_____

3. Schreibe verwandte Wörter auf und markiere die Wörter in deiner *Wörterliste* mit
   einem Strich.

| Namenwort (Nomen) | Tunwort (Verben) | Wiewort (Adjektive) |
|---|---|---|
| die Stärke | _____ | _____ |
| die Stille | _____ | _____ |
| _____ | _____ | stürmisch |
| _____ | _____ | strömend |
| _____ | _____ | zerstritten* |
| _____ | _____ | bestimmt* |
| _____ | _____ | gestört* |

 *Auch nach einer Vorsilbe schreibe ich **-st-** .

 Schreibe zu Wörtern mit St-/st- Reimwörter mit gleicher Schreibweise
in dein Heft. Beispiel: der Sturm – der Turm, der Wurm

Name: _____          Datum: _____

# Wörter mit Sp-/sp-

Spinnen und Gespenster
spuken so spät,
springen und spähen
durch das Fenster.

1. Lies und sprich deutlich. Ergänze den Merksatz.

  Am Wortanfang spreche ich „schp", aber ich schreibe _____ .

2. a) Setze den Wortanfang **Sp-** ein und schreibe die Wörter in der Mehrzahl getrennt auf.
   b) Markiere die Wörter in deiner *Wörterliste* mit einem Strich.

die **Sp**agetti        der ___aß        der ___iegel        die ___eise

*Spa-get-ti*
_____

die ___itze        der ___aziergang        das ___iel        die ___ange

_____

3. Schreibe die zusammengesetzten Wörter auf.

  Auch bei zusammengesetzten Wörtern musst du **-sp-** schreiben.

| ~~Computer-~~ | Karten- | Fußball- | ☺ | Spiel |

*Computerspiel*
_____

| Hoch- | Weit- | Katzen- | ☺ | Sprung |

_____

| Winter- | Wasser- | Schul- | ☺ | Sport |

_____

| Nach- | Vor- | Süß- | ☺ | Speise |

_____

  Schreibe zu Wörtern mit Sp-/sp- Reimwörter mit gleicher Schreibweise in dein Heft. Beispiel: spielen – zielen, schielen

---

**Aufgabe 1:**
sp

**Aufgabe 2:**
a)
Spaß – Spä-ße
Spiegel – Spie-gel
Speise – Spei-sen
Spitze – Spit-zen
Spaziergang – Spa-zier-gän-ge
Spiel – Spie-le
Spange – Span-gen

**Aufgabe 3:**
Computerspiel
Kartenspiel
Fußballspiel

Hochsprung
Weitsprung
Katzensprung

Wintersport
Wassersport
Schulsport

Nachspeise
Vorspeise
Süßspeise

Spaß: fraß, saß
Spiegel: Riegel
Speise: Meise, Reise
Spitze: Hitze, Ritze
Spange: Zange
sprechen: brechen, stechen
springen: bringen, singen, gingen
Sport: Ort, dort, Wort
sprühen: glühen, blühen

Name: _____    Datum: _____

# Selbstlaute und Umlaute

## Bei Papa zu Besuch

1  Heut__ am S__mst__g ☺ habe ich sch__lfrei. ☺

2  Aber mein P__p__, ☺ Kommissar Fuchs, ☺

3  m__ss __rbeiten ☺ und der W__cker weckt __ns ☺ um sieben __hr. ☺

4  Zuerst h__lfe ich ihm, seinen Schreibt__sch aufzuräumen. ☺

5  Papa sch__ltet den C__mp__ter an ☺. Plötzlich k__mmt ein Anruf ☺

6  und Papa muss schn__ll w__g. ☺ Ich l__se ein B__ch ☺

7  und löse d__nn Rätsel.

1. Welche Buchstaben fehlen? Schreibe die vollständigen Wörter auf und male die eingefügten Buchstaben rosa an.

   Zeile 1:  **Heute,** _____

   Zeile 2: _____

   Zeile 3: _____

   Zeile 4: _____

   Zeile 5: _____

   Zeile 6: _____

   Zeile 7: _____

2. Ergänze den Merksatz.

   Die fehlenden Buchstaben im Text heißen _____ .

   Alle anderen Buchstaben heißen _____ .

   Aus den Selbstlauten a, au, o, u können die _____

   ä, äu, ö, ü werden.

3. a) Lies den Text immer bis zum ☺ und schreibe ihn mit deiner schönsten Schrift richtig in dein Heft ab.
   Markiere deine Merkstellen gelb.
   b) Unterstreiche die Namenwörter (Nomen) und die Tunwörter (Verben) farbig.

4. Welche fünf Wörter des Textes kannst du in deiner *Wörterliste* bei den **fett gedruckten** Wörtern finden? Unterstreiche sie im Text und markiere sie in der Liste mit einem Strich.

5. Diese drei Wörter im Text sind für mich schwierig:

   _____

Knicke zuerst den
Lösungsstreifen um.

6. Suche diese Wörter im Text und schreibe sie auf. Schreibe die Tunwörter (Verben) in der Grundform.

   a) ein Namenwort mit den Selbstlauten a, i und o: _____

   b) ein Zahlwort mit -ie-: _____

   c) fünf Wörter mit -ei-: _____

   _____

   d) ein Wort mit -eu-: _____

   e) vier Wörter mit Umlauten: _____

   _____

7. Diese Wörter kannst du im Text finden.
   Trage die fehlenden Großbuchstaben mit Bleistift ein. Schreibe die Tunwörter (Verben) in der Grundform.

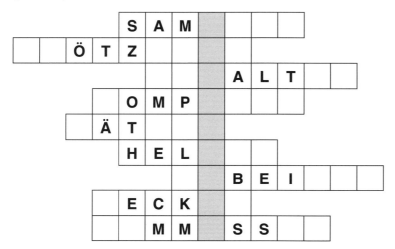

   Lösungswört:  ___ ___ ___ ___ ___ ___ ___ ___ ___

8. In der MUS-Schrift bedeuten M – Mitlaut, U – Umlaut und S – Selbstlaut.
   Suche die passenden Wörter im Text und schreibe sie richtig auf.

   M U M M S M          M M U M M M S M M          M S M M S M S M

   *R ä t s e l*

   M M M M S S M M S M M          S S M M U S M S M

   Schreibe für einen Partner noch mehr Wörter aus dem Text in der MUS-Schrift auf einen Zettel.

**Aufgabe 6:**
a) Kommissar
b) sieben
c) schulfrei, mein, arbeiten, seinen, Schreibtisch
d) heute
e) aufräumen, plötzlich, lösen, Rätsel

**Aufgabe 7:**
Samstag
plötzlich
schalten
Computer
Rätsel
helfen
arbeiten
Wecker/wecken
Kommissar

Lösungswort:
schulfrei

**Aufgabe 8:**
plötzlich
Computer
Schreibtisch
aufräumen

Silvia Regelein: Richtig schreiben lernen – so klappt's! · 3. Klasse · Best.-Nr. 583 · © Brigg Pädagogik Verlag GmbH, Augsburg

Name: _____ Datum: _____

# Wörter in Silben zerlegen

## Florinas Berufsträume

1 Mein paPa ☺ ist bei der liPozei ☺ und hilft mit, ☺

2 dass sich alle schenMen ☺ an die setGeze halten. ☺

3 Ich möchte vielleicht ☺ einmal tinÄrz werden ☺

4 und kranken schenMen helfen. ☺ Oder ich gehe ☺ zur wehrFeuer. ☺

5 Sicher wäre es auch interessant, ☺ mit der Bahn ☺

6 oder mit dem zeugFlug ☺ durch landDeutsch, ☺ durch roEupa ☺

7 oder um die ganze Welt zu reisen.

1. Einige Wörter sind in Geheimsprache geschrieben.
   a) Wie heißt die Regel für die Geheimsprache?

   _____

   b) Schreibe die Wörter der Geheimsprache richtig getrennt in dein Heft und male die Selbstlaute rosa an.

2. Ergänze den Merksatz.

   Jede Silbe hat mindestens einen _____ und meist

   einen _____ .

3. Trenne alle zweisilbigen Wörter des Textes und ordne sie richtig ein.

   a) Die erste Silbe endet mit einem langen **Selbstlaut**.

   *Pa-pa,* _____

   _____

   b) Die erste Silbe endet mit einem **Mitlaut**.

   *al-le,* _____

   _____

   _____

   _____

4. Schreibe alle dreisilbigen Wörter des Textes getrennt auf.

   *Po-li-zei,* _____

   _____

---

**Aufgabe 1:**
a)
Die erste und zweite Silbe werden vertauscht.

b)
Pa-pa
Po-li-zei
Men-schen
Ge-set-ze
Ärz-tin
Men-schen
Feu-er-wehr
Flug-zeug
Deutsch-land
Eu-ro-pa

**Aufgabe 2:**
Selbstlaut
Mitlaut

**Aufgabe 3:**
a)
si-cher,
wä-re,
Eu-ro-pa,
rei-sen

b)
Men-schen,
hal-ten,
möch-te,
viel-leicht,
ein-mal,
Ärz-tin,
wer-den,
kran-ken,
hel-fen,
ge-he,
Flug-zeug,
Deutsch-land,
gan-ze

**Aufgabe 4:**
Ge-set-ze,
Feu-er-wehr,
in-ter-es-sant/
in-te-res-sant,
Eu-ro-pa

Name: _____ Datum: _____

Knicke zuerst den Lösungsstreifen um.

5. Welche elf Wörter des Textes kannst du bei den **fett gedruckten** Wörtern in deiner *Wörterliste* finden? Unterstreiche sie im Text und markiere sie in der Liste mit einem Strich.

6. a) Lies den Text immer bis zum ☺ und schreibe ihn mit deiner schönsten Schrift richtig in dein Heft ab. Markiere deine Merkstellen gelb.
   b) Unterstreiche Namenwörter (Nomen), Tunwörter (Verben) und Wiewörter (Adjektive) farbig.

7. Diese drei Wörter im Text sind für mich schwierig:

   _____

8. Diese Wörter kannst du im Text finden.
   Trage die fehlenden Großbuchstaben mit Bleistift ein. Schreibe die Tunwörter (Verben) in der Grundform.

|   |   |   | A | H |   |   |   |
|---|---|---|---|---|---|---|---|
|   | I | E | L |   |   |   |   |
|   |   | E | E | S | S |   |   |
|   |   |   |   |   | E | H |   |
|   |   |   |   | Z | E | U |   |
|   |   | S | C | H | L |   |   |
|   |   | T | Z |   |   |   |   |
|   |   | E | I | S |   |   |   |
|   |   | Z | T |   |   |   |   |
|   | R | O |   |   |   |   |   |
|   | N | S | C | H |   |   |   |
|   | N | Z |   |   |   |   |   |

Lösungswort: ___ ___ ___ ___ ___ ___ ___ ___ ___ ___ ___

Was sind deine Berufsträume? Schreibe einen kurzen Text.

**Aufgabe 5:**
Gesetze
Beruf
vielleicht
Ärztin
Feuer
interessant
Bahn
Flugzeug
Deutschland
Europa
ganz

**Aufgabe 6:**
b)
*Namenwörter:*
Berufsträume, Papa,
Polizei, Menschen,
Gesetze, Ärztin,
Menschen, Feuerwehr,
Bahn, Flugzeug,
Deutschland, Europa,
Welt

*Tunwörter:*
ist, hilft, halten,
möchte, werden,
helfen, gehe, wäre,
reisen

*Wiewörter:*
kranken, interessant,
ganze

**Aufgabe 8:**
Bahn
vielleicht
interessant
Feuerwehr
Flugzeug
Deutschland
Gesetze
reisen
Ärztin
Europa
Menschen
ganze

Lösungswort:
Berufsträume

Silvia Regelein: Richtig schreiben lernen – so klappt's! · 3. Klasse · Best.-Nr. 583 · © Brigg Pädagogik Verlag GmbH, Augsburg

Name: _____  Datum: _____

# Lange und kurze Selbstlaute

Nach einem **langen Selbstlaut** (Strich) schreibe ich meistens einen Mitlaut. Nach einem **kurzen Selbstlaut** (Punkt) schreibe ich zwei oder mehr Mitlaute.

Florina Fuchs
- - - •

1. Sprich diese Wörter deutlich.

Klopfe bei einem kurzen Selbstlaut auf den Tisch und male bei einem langen Selbstlaut einen Strich in die Luft.

Obst – brav – Pilz – gut – quer – Stiel – Geld – vor – Arzt – Sturm – Strom –
jung – fort – wem – Angst – Licht – Krieg – klar – wenn – Wut

2. Ordne die Wörter aus Aufgabe 1 nach den Selbstlauten a, e, i, o, u und trage sie in die Tabelle ein.

|   | langer Selbstlaut: –<br>mit einem Mitlaut | kurzer Selbstlaut: •<br>mit zwei oder mehr Mitlauten |
|---|---|---|
| a | *brav,* | *Angst,*<br>• |
| e |   |   |
| i |   |   |
| o |   |   |
| u |   |   |

3. Welche Wörter aus Aufgabe 1 kannst du bei den **fett gedruckten** Wörtern in deiner *Wörterliste* finden? Markiere sie in der Liste mit einem Strich.

4. a) Suche in der *Wörterliste* zu diesen Wörtern ein Reimwort und markiere es in der Wörterliste mit einem Strich.
   b) Schreibe die Reimwörter auf und kennzeichne die Selbstlaute mit Punkt oder Strich.

Wurst          Wurm          bald          Land
*Durst*        _____        _____        _____
 •

Quark          groß          Wal           darf
_____        _____        _____        _____

Silvia Regelein: Richtig schreiben lernen – so klappt's! · 3. Klasse · Best.-Nr. 583 · © Brigg Pädagogik Verlag GmbH, Augsburg

**Aufgabe 2:**
*langer Selbstlaut*
brav – klar
wem – quer
Stiel – Krieg
vor – Strom
gut – Hut

*kurzer Selbstlaut*
Angst – Arzt
wenn – Geld
Licht – Pilz
fort – Obst
jung – Sturm

**Aufgabe 3:**
brav – klar
Angst – Arzt
Stiel – Krieg
Pilz
Strom
jung – Sturm

**Aufgabe 4:**

Wurm – Sturm
 •

bald – Wald
 •

Land – Brand
 •

Quark – stark
 •

groß – bloß
 –

Wal – Qual
 –

darf – scharf
 •

Name: _____    Datum: _____

# Wörter mit ie

Auf der Wiese spaziert ein riesengroßer Riese.

1. Sprich den Satz deutlich und unterstreiche die Buchstaben
   -ie- mit einem grünen Stift – grün wie die Wiese.

 Für ein langes -i- schreibe ich meistens **-ie-** .

2. a) Schreibe zu jedem Bild das passende Wort und unterstreiche -ie- grün.
   b) Suche die Wörter in der *Wörterliste* und markiere sie mit einem Strich.

| | | |
|---|---|---|
| sch_____ | sp _____ | D _____ |

3. a) Suche in der *Wörterliste* ein verwandtes Wort mit -ie- und schreibe es auf.
      Unterstreiche -ie- grün.
   b) Markiere die Wörter in deiner *Wörterliste* mit einem Strich.

der Frost                friedlich                der Fluss

*frieren*                _____             _____

der Geruch               gebogen                die Nummer

_____                _____             _____

schließen                schwer                 geschehen

_____                _____             _____

das Verbot               zielen                 der Zug

_____                _____             _____

4. Setze passende Wörter mit -ie- ein und markiere sie in der *Wörterliste* mit einem
   Strich.

   Die _ _ _ _ Aufgaben kann ich kaum lösen. Sie sind _ _ _ _ _ _ _ _ _ _ .

   Das Telefon klingelt, aber _ _ _ _ _ _ _ _ meldet sich.

   Im _ _ _ _ _ _ _ _ kann ich mein Gesicht sehen.

   Florina _ _ _ _ _ _ die Blumen und pfeift dabei ein _ _ _ _ .

 Schreibe zu den Wörtern von Aufgabe 3 sinnvolle Sätze auf.

Knicke zuerst den Lösungsstreifen um.

**Aufgabe 1:**
Wiese
spaziert
riesengroßer Riese

**Aufgabe 2:**
a)
schieben
spielen
Dieb

**Aufgabe 3:**
a)
Frieden
fließen
riechen
biegen
nummerieren
schließlich
schwierig
es geschieht
verbieten
Ziel
ziehen

**Aufgabe 4:**
vier, schwierig
niemand
Spiegel
gießt, Lied

Silvia Regelein: Richtig schreiben lernen – so klappt's! · 3. Klasse · Best.-Nr. 583 · © Brigg Pädagogik Verlag GmbH, Augsburg

Name: _____  Datum: _____

# Wörter mit ä und äu ableiten

### Ein schwerer Fall für KF

1 Eilig lauft KF ☺ zum Einkaufen auf den Markt. ☺

2 Dort kommt er ☺ nur langsam vorwarts, ☺

3 denn viele Leute drangen sich ☺ an den Standen vorbei. ☺

4 Plötzlich spürt er, ☺ wie jemand ☺ in seine Jackentasche ☺

5 greifen will. ☺ Argerlich packt er die Hand ☺

6 und ruft laut „Stopp!" Der Junge schlagt ☺ kraftig um sich. ☺

7 KF erklart ihm: ☺ „Eigentlich müsste ich dich jetzt anzeigen."

1. Lies halblaut immer bis zum ☺. Bei einigen Wörtern kannst du einen Fehler finden.
   Unterstreiche die Fehlerstelle und berichtige diese Wörter hier.

Zeile 1: *läuft*

Zeile 2: _____

Zeile 3: _____  _____

Zeile 5: _____

Zeile 6: _____  _____

Zeile 7: _____

2. Diese Wörter kannst du im Text finden.
   Trage die fehlenden Großbuchstaben mit Bleistift ein. Schreibe die Tunwörter
   (Verben) in der Grundform.

|   |   |   | T | Z | T |   |   |   |   |
|---|---|---|---|---|---|---|---|---|---|
| J | E | M |   |   |   |   |   |   |   |
|   | N | G | S |   |   |   |   |   |   |
|   |   |   |   |   |   | S | C | H |   |
|   |   |   | A | G |   |   |   |   |   |
| A | N | Z |   |   |   |   |   |   |   |
|   | J | U |   |   |   |   |   |   |   |
|   |   |   | N | N |   |   |   |   |   |
| G | R |   |   |   |   |   |   |   |   |
| E | U |   |   |   |   |   |   |   |   |
| V | O | R |   |   |   |   |   |   |   |

Lösungswort: ___ ___ ___ ___ ___ ___ ___ ___ ___ ___ ___ ___

Silvia Regelein: Richtig schreiben lernen – so klappt's! · 3. Klasse · Best.-Nr. 583 · © Brigg Pädagogik Verlag GmbH, Augsburg

Name: _____  Datum: _____

Knicke zuerst den
Lösungsstreifen um.

3. Welche Wörter des Textes kannst du bei den **fett gedruckten** Wörtern in deiner
   *Wörterliste* finden? Markiere sie mit einem Strich.

4. Lies den Text immer bis zum ☺ und schreibe ihn mit deiner schönsten Schrift richtig
   in dein Heft ab.

5. Diese drei Wörter im Text sind für mich schwierig:

   _____

6. Suche zu diesen Wörtern verwandte Wörter. Schreibe sie in dein Heft und markiere **a**
   und **ä**, **au** und **äu**.

> Fälle – Märkte – länger – vorwärts – Stände – ärgerlich – erklären –
> Gepäck – Hände – er schlägt – kräftig – er läuft – der Käufer – läuten

   Beispiel: *Fälle – der Fall ...*

 Wenn es ein verwandtes Wort mit **A/a** oder **Au/au** gibt, schreibe ich **Ä/ä**
   oder **Äu/äu**.

7. a) Suche die Wortpaare und schreibe sie in dein Heft.
   b) Markiere die Wörter in deiner *Wörterliste* mit einem Strich.

| gefährlich * | Nässe | Stärke | Angst | bauen |
|---|---|---|---|---|
| Rätsel | wählen | Gebäude | Qual | Nahrung |
| ernähren | erzählen | 🍎 | Zahl | backen |
| wachsen | Bäcker | raten | Gefahr * | stark |
| ängstlich | quälen | nass | Wahl | Gewächs |

Beispiel: *gefährlich – Gefahr ...*

8. Diese Wörter musst du dir merken, denn es gibt kein verwandtes Wort mit a:

   **Kä**fer, **Kä**fig, **Lä**rm, **Mä**dchen, sp**ä**t, Tr**ä**ne, ungef**ä**hr, w**ä**hrend

   a) Welches Wort passt? Schreibe es auf:

| Wiewort (Adjektiv) 4 Buchstaben | Namenwort (Nomen) 4 Buchstaben | Namenwort (Nomen) mit -g 5 Buchstaben | anderes Wort 8 Buchstaben |
|---|---|---|---|
| _____ | _____ | _____ | _____ |

   b) Markiere die Wörter in deiner *Wörterliste* mit einem Strich.

 Denke dir einen Schluss zum Text aus und schreibe ihn auf.

**Aufgabe 3:**
plötzlich
jemand
ärgern
packen
jung
kräftig
klar, erklären
eigentlich

**Aufgabe 6:**
Markt
lang
warten
Stand
arg
klar
packen
Hand
schlagen
Kraft
laufen
kaufen
laut

**Aufgabe 7:**
a)
Nässe – nass,
Stärke – stark,
Angst – ängstlich,
bauen – Gebäude,
Rätsel – raten,
wählen – Wahl
Qual – quälen,
Nahrung – ernähren,
erzählen – Zahl,
backen – Bäcker,
wachsen – Gewächs

**Aufgabe 8:**
a)
spät
Lärm
Käfig
ungefähr

Silvia Regelein: Richtig schreiben lernen – so klappt's! · 3. Klasse · Best.-Nr. 583 · © Brigg Pädagogik Verlag GmbH, Augsburg

Name: _____     Datum: _____

# Zweisilbige Wörter mit Doppelmitlaut

1. Schreibe die passenden Wörter zu den Bildern auf.

_____     _____     _____

2. Ergänze den Merksatz:

 Ich muss Buchstaben doppelt schreiben, obwohl ich sie nur einmal höre.
Ich kann den **Doppelmitlaut** hören, wenn ich das Wort getrennt spreche.

Vor jedem **Doppelmitlaut** höre ich einen _____ Selbstlaut.

3. Trenne diese Wörter und ordne sie richtig ein. Streiche verbrauchte Wörter durch.

beginnen – brennen – Brille – gewinnen – Gewitter – herstellen –
hoffen – kennen – klettern – Löffel – Mittag – Mitte – Nummer – ~~offen~~ – Quelle –
rennen – sammeln – schaffen – Schatten – schütteln – schwimmen – stimmen –
Tanne – Teller – treffen – vielleicht – zusammen

**ff**  *of-fen,* _____

_____

**ll**  _____

_____

**mm**  _____

_____

_____

**nn**  _____

_____

_____

**tt**  _____

_____

_____

 Denke dir Reime zu einigen Wörtern aus und schreibe sie auf ein Plakat.
Beispiele:

| Alle Ratten rennen in den Schatten. | Unter der Tanne steht eine goldne Wanne. | An der Quelle hör ich lautes Gebelle. |
| --- | --- | --- |

Name: _____  Datum: _____

# Einsilbige Wörter mit Doppelmitlaut

**Ka? → Käm-me, käm-men → Kamm**

1. Ergänze den Merksatz:

Wenn ich ein einsilbiges Wort verlängere, kann ich den
_____ hören.

2. a) Suche diese Wörter in der *Wörterliste* und markiere sie mit einem Strich.
   b) Ergänze die fehlenden Buchstaben, verlängere und trenne die Wörter.

der Sto___            du ___            der Sta ___

*Stof-fe*            _____            _____

das Progra ___       der Mü ___         vo ___

_____            _____            _____

dü ___               das Fe ___         gla ___

_____            _____            _____

3. Suche in der *Wörterliste* ein verwandtes Wort, markiere es mit einem Strich und
   schreibe es getrennt auf.

sammeln              herstellen          verbrennen

*Samm-lung*          _____            _____

gewittrig            hoffen              getroffen

_____            _____            _____

der Gewinn           schattig            das Rennen

_____            _____            _____

die Zustimmung       der Beginn          mitten

_____            _____            _____

4. a) Suche zu diesen Wörtern Reimwörter in der *Wörterliste* und schreibe sie in dein
      Heft.

   Lamm – trennen – glimmen

   b) Markiere die Wörter in deiner *Wörterliste* mit einem Strich.

Schreibe sinnvolle Sätze zu den Wörtern von Aufgabe 2 und 3.

Silvia Regelein: Richtig schreiben lernen – so klappt's! · 3. Klasse · Best.-Nr. 583 · © Brigg Pädagogik Verlag GmbH, Augsburg

Name: _____   Datum: _____

# Wörter mit ss

1. a) Schreibe zu jedem Bild das passende Wort und kennzeichne den kurzen Selbst-
laut mit einem Punkt: •
   b) Markiere die Wörter in deiner **Wörterliste** mit einem Strich.

Sch_____   N _____   M _____

2. a) Suche mit der **Wörterliste** zu diesen Wörtern Reimwörter und schreibe sie auf.
   b) Markiere die Wörter in deiner **Wörterliste** mit einem Strich.

muss:    *Kuss,* _____

Fass:    _____

fassen:  _____

müssen:  _____

Messer:  _____

Schüssel: _____

Kissen:  _____

essen:   _____

er isst: _____

3. Setze passende Wörter ein und markiere sie in der **Wörterliste** mit einem Strich.

Florina hat nur wenig Hunger. Sie will nur ein _ _ _ _ _ _ _ _ _ essen.

Nach dem Regen ist alles _ _ _ _ _ . Gestern _ _ _ _ _ es in Strömen.

Gestern _ _ _ _ _ _ _ _ Kommissar Fuchs die Tür ganz leise auf.

Mit großem _ _ _ _ _ _ _ _ _ _ sieht sich KF das Fußballspiel an.

Eis ist fest und Wasser ist _ _ _ _ _ _ _ _ .

Das möchte ich genau _ _ _ _ _ _ _ .

Balduin hat die Hausaufgabe _ _ _ _ _ _ _ _ _ _ .

Mit einem _ _ _ _ _ _ _ _ kann man die Himmelsrichtung bestimmen.

 Denke dir Reime zu einigen Wörtern aus und schreibe sie auf ein Plakat.

---

**Aufgabe 1:**
Schüssel
•
Nuss
•
Messer
•

**Aufgabe 2:**
a)
muss: Kuss, Fluss, Nuss, Schluss

Fass: nass, Pass, Kompass

fassen: lassen, passen, Tassen

müssen: küssen

Messer: besser

Schüssel: Schlüssel

Kissen: wissen

essen: fressen, vergessen, messen

er isst: er misst, er frisst, er vergisst

**Aufgabe 3:**
bisschen
nass, goss
schloss
Interesse
flüssig
wissen
vergessen
Kompass

Name: _____  Datum: _____

# Wörter mit Doppelmitlaut

### Halt, Polizei!

1 Auf einem Weg ☺ am Fluss entlang ☺

2 rennen KF und Florina ☺ um die Wette. ☺ Immer wieder müssen sie ☺

3 aufpassen. ☺ Allerlei Müll ☺ liegt auf dem Weg. ☺

4 Es ist schlimm, dass manche Menschen ☺

5 ihre Abfälle einfach wegwerfen. ☺ Plötzlich versperrt sogar ☺

6 eine alte Wanne den Weg. ☺ „Halt, Polizei! ☺

7 Haben Sie die Wanne hier abgestellt?" ☺ Betroffen entgegnet KF: ☺

8 „Bestimmt nicht. ☺ Wir schützen unsere Umwelt ☺

9 und sammeln unseren Müll."

1. Unterstreiche alle Doppelmitlaute im Text.

2. Welches Wort aus dem Text passt zur Erklärung?

   **Weg** _____ schreibe ich mit -g, weil ich in der Mehrzahl g hören kann.

   _____ schreibe ich mit -ss, weil der Selbstlaut u davor kurz ist.

   _____ schreibe ich mit -ä-, weil das Wort mit „fallen" verwandt ist.

   _____ schreibe ich vorne mit v-, weil ich die Vorsilbe [ ver ] mit v- schreibe.

   _____ schreibe ich groß, weil es ein höfliches Anredefürwort ist.

   _____ schreibe ich mit -nn-, weil der Selbstlaut e davor kurz ist.

3. Welche zehn Wörter des Textes kannst du bei den **fett gedruckten** Wörtern in deiner *Wörterliste* finden? Markiere sie.

 Denke auch an verwandte Wörter.

4. Lies den Text immer bis zum ☺ und schreibe ihn mit deiner schönsten Schrift in dein Heft ab.
   Unterstreiche im Heft die Namenwörter (Nomen), Tunwörter (Verben) und Wiewörter (Adjektive) farbig.

5. Diese drei Wörter im Text sind für mich schwierig:

   _____

 Schreibe auf ein Plakat „So schütze ich meine Umwelt" und male ein passendes Bild dazu.

**Aufgabe 1:**
18 Wörter:
Fluss, rennen, Wette, Immer, müssen, aufpassen, allerlei, Müll, schlimm, Abfälle, versperrt, Wanne, Wanne, abgestellt, Betroffen, Bestimmt, sammeln, Müll

**Aufgabe 2:**
Fluss
Abfälle
versperrt
Sie
rennen

**Aufgabe 3:**
Fluss
rennen
(auf-)passen
Müll
Plötzlich
betroffen – treffen
entgegnen – entgegen
bestimmt – stimmen
schützen
sammeln

**Aufgabe 4:**
*Namenwörter:*
Polizei, Weg, Fluss, KF, Florina, Wette, Müll, Weg, Menschen, Abfälle, Wanne, Weg, Polizei, Wanne, KF, Umwelt, Müll

*Tunwörter:*
rennen, müssen ... aufpassen, liegt, ist, wegwerfen, versperrt, haben ... abgestellt, entgegnet, schützen, sammeln

*Wiewörter:*
schlimm, einfach, alte, betroffen

Silvia Regelein: Richtig schreiben lernen – so klappt's! · 3. Klasse · Best.-Nr. 583 · © Brigg Pädagogik Verlag GmbH, Augsburg

Name: _____  Datum: _____

# Wörter mit tz

### Pech für Fidi

1  Wie ein B_____ saust Fidi davon.

2  P_____ jault er jämmerlich und

3  s_____ sich hin. Er hat sich an einem sp_____

4  Nagel v_____. Vorsichtig entfernt Florina den groben

5  Sch_____ um die V_____ und

6  sch_____ sie mit einem Verband.

1. Lies den Text und setze passende Wörter in die Lücken ein.
   Überprüfe deine Lösung und schreibe den Text in dein Heft.

2. Ergänze den Merksatz:

Vor -tz- höre ich einen _____ Selbstlaut.

3. Schreibe zu diesen Wörtern ein verwandtes Namenwort (Nomen) mit Begleiter in dein Heft und markiere die Wörter in deiner **Wörterliste** mit einem Strich.

krat-zen – schüt-zen – spitz – set-zen – schmut-zig – ver-let-zen – schwit-zen – nütz-lich – ge-setz-lich

Beispiel: **blit-zen – der Blitz**

tz wird getrennt, wenn nach -tz- ein Selbstlaut steht.
Beispiel: blit-zen, aber: Blitz-licht

4. Schreibe alle Formen auf, unterstreiche -tz- und markiere das Wortende.

| ich | schütze | | ich | schwitze |
|---|---|---|---|---|
| du | _____ | | du | _____ |
| er | _____ | | er | _____ |
| wir | _____ | | wir | _____ |
| ihr | _____ | | ihr | _____ |
| sie | _____ | | sie | _____ |

Schreibe Wörter zur Wortfamilie **Schmutz** auf.

**Aufgabe 1:**
Blitz
Plötzlich
setzt
spitzen
verletzt
Schmutz
Verletzung
schützt

**Aufgabe 2:**
kurzen

**Aufgabe 3:**
der Kratzer
der Schutz
die Spitze
der Sitz
der Schmutz
die Verletzung
der Schweiß
der Nutzen
das Gesetz

**Aufgabe 4:**
ich schütze
du schützt
er schützt
wir schützen
ihr schützt
sie schützen

ich schwitze
du schwitzt
er schwitzt
wir schwitzen
ihr schwitzt
sie schwitzen

**Namenwörter:**
Verschmutzung,
Schmutzfink,
Schmutzfleck,
Schmutzlappen

**Tunwörter:**
verschmutzen,
beschmutzen

**Wiewörter:**
schmutzig,
verschmutzt

Name: _____    Datum: _____

# Wörter mit ck

1. Welche Wörter gehören zu einer Wortfamilie?
   Male jede Familie mit einer anderen Farbe an.

| ba-cken | pa-cken | Ent-wick-lung | Päck-chen |
|---|---|---|---|
| Ver-pa-ckung | Ent-de-ckung | Ge-päck | ent-de-cken |
| De-cke | ent-wi-ckeln | Bä-cker | Bä-cke-rei |
| wi-ckeln | Ge-bäck | ver-pa-cken | Ent-de-cker |

2. a) Trage die Wörter jeder Familie in die Tabelle ein.
   b) Unterstreiche Namenwörter (Nomen), Tunwörter (Verben) und Wiewörter
      (Adjektive) farbig.
   c) Markiere die Wörter in deiner **Wörterliste** mit einem Strich.

| **back** | **pack** | **deck** | **wick** |
|---|---|---|---|
|  |  |  |  |
|  |  |  |  |
|  |  |  |  |
|  |  |  |  |

3. Ergänze den Merksatz:

> Vor -ck- höre ich einen _____ Selbstlaut.
>
> Beim Trennen bleibt -ck- zusammen.

4. Schreibe zu diesen Wörtern das Gegenteil auf und markiere die Wörter in deiner
   **Wörterliste** mit einem Strich.

dünn                    rund                    sauber

*dick* _____    _____           _____

Pech                    nass                    einpacken

_____           _____           _____

traurig                 aufdecken               suchen

_____           _____           _____

> Welche Wörter mit ck hast du in der **Wörterliste** noch nicht markiert?
> Schreibe zu ihnen eine Wortfamilie auf und markiere sie dann.

Silvia Regelein: Richtig schreiben lernen – so klappt's! · 3. Klasse · Best.-Nr. 583 · © Brigg Pädagogik Verlag GmbH, Augsburg

**Aufgabe 1–2:**
Lösungen zu „back"
pa-cken (Tw),
ver-pa-cken (Tw),
Ver-pack-ung (Nw),
Päck-chen (Nw),
Ge-päck (Nw)

Ent-wick-lung (Nw),
wi-ckeln (Tw),
ent-wick-eln (Tw)

ent-de-cken (Tw)
De-cke (Nw)
Ent-de-cker (Nw)

ba-cken (Tw)
Ge-bäck (Nw)
Bä-cker (Nw)
Bä-cke-rei (Nw)

*Abkürzungen:
Nw (Namenwort)
Tw (Tunwort)
Ww (Wiewort)

**Aufgabe 3:**
kurzen

**Aufgabe 4:**
eckig
dreckig
trocken
Glück
auspacken
glücklich
zudecken
entdecken

**we**ck**en**: aufwecken,
Wecker
**Bli**ck: Ausblick,
Rückblick, anblicken,
erblicken
**Blo**ck: Blockflöte,
Häuserblock,
Zeichenblock
**Brü**ck**e**:
Brückengeländer,
Eisenbahnbrücke
**Dru**ck: drücken,
bedrückend,
Türdrücker,
Drückeberger,
Ausdruck
**schme**ck**en**:
Geschmack,
schmackhaft
**Stü**ck: stückweise,
Goldstück, Musikstüc

Name: _____  Datum: _____

# Wortbausteine

1. Wörter kannst du aus verschiedenen Bausteinen zusammenbauen.
   Male die Bausteine je nach ihrer Wortart farbig an.

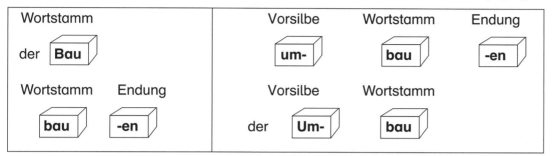

| Wortstamm | | Vorsilbe | Wortstamm | Endung |
|---|---|---|---|---|
| der **Bau** | | **um-** | **bau** | **-en** |
| **Wortstamm** **Endung** | | | **Vorsilbe** **Wortstamm** | |
| **bau** **-en** | | | der **Um-** **bau** | |

2. Ergänze den Merksatz:

Die _____ gibt dem Wort eine andere Bedeutung.

3. Setze vor das Tunwort (Verb) eine passende Vorsilbe und schreibe ein verwandtes
   Namenwort (Nomen) mit der gleichen oder einer anderen Vorsilbe auf.

| ab- | an- | auf- | aus- | durch- | ein- | hinein- | ver- | weg- | zer- |

| Wortstamm – Endung | Vorsilbe – Wortstamm – Endung | Vorsilbe – Wortstamm |
|---|---|---|
| Tunwort (Verb) | Tunwort (Verb) | Namenwort (Nomen) |
| flieg en | *wegfliegen* | *Abflug* |
| blick en | _____ | _____ |
| fließ en | _____ | _____ |
| fahr en | _____ | _____ |
| beiß en | _____ | _____ |
| schließ en | _____ | _____ |
| zieh en | _____ | _____ |

4. Markiere die Wörter in deiner **Wörterliste** mit einem Strich.

Lehrerin: „Die Vorsilbe Un- bedeutet meist nichts Gutes. Wer kann ein
Beispiel nennen?" – Florina: „Unterricht."
a) An welche Wörter hat die Lehrerin gedacht?
b) Welchen Fehler hat Florina gemacht?

---

**Aufgabe 1:**
*Namenwörter:*
Bau, Umbau

*Tunwörter:*
bauen, umbauen

**Aufgabe 2:**
Vorsilbe

**Aufgabe 3:**
**blicken:**
an-, auf-, durchblicken;
der An-, Aus-, Durchblick
**fließen:**
ab-, wegfließen;
der Abfluss
**fahren:**
ab-, an-, aus-, durch-, ein-
hinein-, ver-, wegfahren;
die Ausfahrt
**beißen:**
ab-, an-, zerbeißen;
das Gebiss
**schließen:**
ab-, auf-, aus-, ein-, ver-,
wegschließen;
der Verschluss
**ziehen:**
ab-, an-, auf-, aus-, ein-,
wegziehen;
der Ab-, Auszug

a)
Unfall, Unfug, Unglück,
Unrecht
b)
Die Vorsilbe ist Unter-,
nicht Un-.

Name: _____    Datum: _____

# Zusammengesetzte Tunwörter (Verben) mit zwei gleichen Buchstaben

| abbiegen | auffallen | annähen | aussuchen | verreisen | zerreißen |

Knicke zuerst den Lösungsstreifen um.

**Aufgabe 1:**
Bedeutung
Buchstaben

**Aufgabe 2:**
aufführen
verraten
abbiegen
ausschütteln
auffangen
ausschalten
ausstellen
abbrennen
verreisen

abbauen
ausschneiden
verrechnen
annähen
zerreißen
aussetzen
verrühren
abbeißen
aussuchen

1. Schau dir die zusammengesetzten Tunwörter oben an und ergänze den Merksatz:

Vorsilben geben den Wörtern eine neue _____

Manchmal treffen bei zusammengesetzten Tunwörtern (Verben) zwei gleiche _____ zusammen.

2. Setze die Tunwörter mit passenden Vorsilben zusammen und trage sie in die Tabelle ein. Markiere die gleichen Buchstaben.

| führen | raten | biegen | schütteln | fangen | schalten |
|--------|-------|--------|-----------|--------|----------|
| stellen | brennen | reisen | bauen | schneiden | rechnen |
| nähen | reißen | setzen | rühren | beißen | suchen |

| | |
|---|---|
| ein Theaterstück **aufführen** | das Zelt _____ |
| ein Geheimnis _____ | ein Herz _____ |
| nach links _____ | sich beim Test _____ |
| das Bett _____ | einen Knopf _____ |
| den Ball _____ | Papier _____ |
| den Fernseher _____ | eine Spielrunde _____ |
| Bastelarbeiten _____ | den Teig _____ |
| ein Feuer _____ | vom Brot _____ |
| in den Ferien _____ | ein Geschenk _____ |

Bilde mit den Stichwörtern von Aufgabe 2 sinnvolle Sätze und schreibe sie in dein Heft.
Beispiele:    Ich **verrechne** mich beim Test nur selten.
                    Unsere Klasse **führt** ein Theaterstück **auf**.

Im Satz wird die Vorsilbe manchmal vom Tunwort (Verb) abgetrennt.

Silvia Regelein: Richtig schreiben lernen – so klappt's! · 3. Klasse · Best.-Nr. 583 · © Brigg Pädagogik Verlag GmbH, Augsburg

Name: _____     Datum: _____

# Schwierige Vergangenheitsformen

1. Lies und dichte weiter.

Gestern fraß der Vielfraß viel.
Heute frisst er immer noch.
Hat er wohl die ganze Nacht gefressen?

Gestern schwamm das Krokodil.
Heute ....
Ist es wohl ...

 Ich merke mir schwierige Formen der Vergangenheit:
**fraß** kommt von **fressen**
Im Wörterbuch kann ich bei der Grundform schwierige Formen finden.

2. Trage die richtigen Formen der Tunwörter von oben ein und markiere die Merkstellen gelb.

| Grundform | fressen | schwimmen |
|---|---|---|
| Gegenwart | | |
| 1. Vergangenheit | | |
| 2. Vergangenheit | | |

3. Suche zu diesen Tunwörtern in der *Wörterliste* die Grundform und schreibe die unterschiedlichen Formen wie bei Aufgabe 2 in dein Heft.

| begonnen | getroffen | geschlossen |
|---|---|---|
| gewusst | gelogen | geschehen |
| gerochen | verboten | gewachsen |

 Die 2. Vergangenheit bilde ich häufig mit der Vorsilbe **ge-**.

4. Wähle einige Wörter aus Aufgabe 3 aus und schreibe Sätze in der 1. Vergangenheit auf.

 Überlege dir weitere Reime wie in Aufgabe 1 und schreibe sie in dein Heft.

Silvia Regelein: Richtig schreiben lernen – so klappt's! · 3. Klasse · Best.-Nr. 583 · © Brigg Pädagogik Verlag GmbH, Augsburg

---

**Aufgabe 1:**
Heute schwimmt es
immer noch.
Ist es wohl die ganze
Nacht geschwommen?

**Aufgabe 2:**
er frisst
er fraß
er hat gefressen

es schwimmt
es schwamm
es ist geschwommen

**Aufgabe 3:**
**beginnen**
er beginnt
er begann
er hat begonnen
**treffen**
er trifft
er traf
er hat getroffen
**schließen**
er schließt
er schloss
er hat geschlossen
**wissen**
er weiß
er wusste
er hat gewusst
**lügen**
er lügt
er log
er hat gelogen
**geschehen**
es geschieht
es geschah
es ist geschehen
**riechen**
er riecht
er roch
er hat gerochen
**verbieten**
er verbietet
er verbot
er hat verboten
**wachsen**
er wächst
er wuchs
er ist gewachsen

Name: _____     Datum: _____

# Namenwörter (Nomen) mit der Endung -ung

### Alarm in der Fabrik

1 KF erzählt der Reporterin ☺ einer Zeit___: ☺

2 Nach dem Notruf ☺ ließ ich im Radio durchsagen: ☺

3 „Acht___! ☺ Bitte sofort alle Fenster schließen! ☺

4 Gefahr durch giftige Gase!" ☺ Dann stürmten wir los. ☺

5 An einer Kreuz___ ☺ hätte uns beinahe ein Auto gerammt. ☺

6 Dabei muss doch jeder Autofahrer wissen, ☺ dass er bei Blaulicht ☺

7 sofort anhalten muss. ☺ Schon aus großer Entfern___ ☺

8 sahen wir die Verschmutz___ der Luft ☺ als dunkle Wolke. ☺

9 Doch die Helfer ☺ konnten die Gefahr abwenden.

1. Bei manchen Wörtern fehlt die Endung. Schreibe die Wörter auf.

   Zeile 1: _____     Zeile 3: _____

   Zeile 5: _____     Zeile 7: _____

   Zeile 8: _____

2. Welche Wörter des Textes oder verwandte Wörter dazu kannst du bei den **fett gedruckten** Wörtern in deiner *Wörterliste* finden? Markiere sie in deiner Wörterliste mit einem Strich.

3. Diese Wörter kannst du im Text finden. Trage die fehlenden Großbuchstaben mit Bleistift ein. Schreibe die Tunwörter (Verben) in der Grundform.

|   |   |   |   |   | A | H |   |   |
|---|---|---|---|---|---|---|---|---|
|   | A | U |   |   |   |   |   |   |
|   |   |   |   |   | I | E | ß |   |
|   |   |   | F | E | R | N |   |   |
|   | S | C | H | M |   |   |   |   |
|   | I | S | S |   |   |   |   |   |
|   | F | T |   |   |   |   |   |   |

Lösungswort: ___ ___ ___ ___ ___ ___ ___

**Aufgabe 1:**
Zeitung
Achtung
Kreuzung
Entfernung
Verschmutzung

**Aufgabe 2:**
Zeitung
Radio
schließen
Gefahr
Sturm
Kreuzung
wissen
Entfernung
Verschmutzung

**Aufgabe 3:**
Gefahr
Blaulicht
schließen
Entfernung
Verschmutzung
wissen
giftig

Lösungswort:
Achtung

Name: _____   Datum: _____

Knicke zuerst den Lösungsstreifen um.

4. Lies den Text immer bis zum ☺ und schreibe ihn mit deiner schönsten Schrift richtig in dein Heft ab.
   Unterstreiche Namenwörter (Nomen), Tunwörter (Verben) und Wiewörter (Adjektive) farbig.

5. Diese drei Wörter im Text sind für mich schwierig:

   _____

6. Das Namenwort (Nomen) „Erzählung" ist verwandt mit dem Tunwort „erzählen".
   Sie unterscheiden sich aber in der Endung.

   Vorsilbe        Wortstamm        Endung

   er-             zähl             -en

   die  Er-        zähl             -ung

   Ergänze den Merksatz:

    Mit der Endung -ung kann ich aus Tunwörtern (Verben)
   _____ machen.

    Trenne jedoch so: Er-zäh-lung

7. a) Verwandle diese Tunwörter (Verben) ebenso in Namenwörter und schreibe sie getrennt in dein Heft.

   ~~verletzen~~ – verpacken – führen – impfen – nähren – sammeln – herstellen – zeichnen – erwarten – entwickeln – heizen – verschmutzen – kreuzen

   Beispiel: **verletzen → Ver-let-zung**

   b) Markiere die Wörter oder verwandte Wörter dazu in der **Wörterliste** mit einem Strich.

8. Zu einem Wort mit -ung im Text gibt es kein Tunwort (Verb).

   Es ist: _____

    Schreibe diese langen Wörter getrennt in dein Heft.

   Verletzungsgefahr – Luftverschmutzung – Erwartungsfreude –
   Verpackungsmaterial – Schutzimpfung – Nahrungsmittel –
   Straßenkreuzung – Heizungsanlage

**Aufgabe 4:**
*Namenwörter:*
Alarm, Fabrik, KF, Reporterin, Zeitung, Notruf, Radio, Achtung, Fenster, Gefahr, Gase, Kreuzung, Auto, Autofahrer, Blaulicht, Entfernung, Verschmutzung, Luft, Wolke, Helfer, Gefahr

*Tunwörter:*
erzählt,
ließ ... durchsagen, schließen, stürmten, hätte ... gerammt, muss ... wissen, anhalten, sahen, konnten ... abwenden

*Wiewörter:*
giftige, großer, dunkle

**Aufgabe 6:**
Namenwörter (Nomen)

**Aufgabe 7:**
a)
Ver-pa-ckung
Füh-rung
Imp-fung
Nah-rung
Samm-lung
Her-stel-lung
Zeich-nung
Er-war-tung
Ent-wick-lung
Hei-zung
Ver-schmut-zung
Kreu-zung

**Aufgabe 8:**
Zeitung

Ver-let-zungs-ge-fahr
Luft-ver-schmut-zung
Er-war-tungs-freu-de
Ver-pa-ckungs-ma-te-ri-al
Schutz-imp-fung
Nah-rungs-mit-tel
Stra-ßen-kreu-zung
Hei-zungs-an-la-ge

Knicke zuerst den
Lösungsstreifen um.

# Wörter mit h

### KF beim Zahnarzt

1  KF muss zum Zahnarzt. ☺ Mit der U-Bahn ☺

2  fährt er in die Praxis. ☺ Er setzt sich auf den Stuhl. ☺

3  Die Ärztin schaut ☺ mit einem kleinen Spiegel ☺

4  in seinen Mund ☺ und drückt links oben ☺ an einen Zahn. ☺

5  Sie gibt ihm eine Spritze ☺ und beginnt zu bohren. ☺

6  KF fühlt zwar keinen Schmerz, ☺

7  aber ein komisches Gefühl ist das trotzdem. ☺ Er ist froh, ☺

8  als die Ärztin fertig ist.

1. Lies den Text immer bis zum ☺.
   a) Suche im Text diese Wörter und schreibe sie auf.

   Zeile 1/4.  Wort: _____

   Zeile 1/7.  Wort: _____

   Zeile 2/1.  Wort: _____

   Zeile 2/11. Wort: _____

   Zeile 4/10. Wort: _____

   Zeile 5/3.  Wort: _____

   Zeile 5/9.  Wort: _____

   Zeile 6/2.  Wort: _____

   Zeile 7/4.  Wort: _____

   Zeile 7/10. Wort: _____

   b) Welcher Buchstabe fällt dir bei diesen Wörtern auf? Markiere ihn gelb.

2. Ergänze den Merksatz:

   Nach einem _____ Selbstlaut oder Umlaut muss
   ich manchmal ein **-h** schreiben, das ich nicht hören kann.
   Manchmal hilft das Verlängern des Wortes: geht → ge-hen

3. Welche 13 Wörter des Textes kannst du bei den **fett gedruckten** Wörtern in deiner
   *Wörterliste* finden? Markiere sie mit einem Strich.

**Aufgabe 1:**
a)
Zahnarzt
U-Bahn
fährt
Stuhl
Zahn
ihm
bohren
fühlt
Gefühl
froh

b)
der Buchstabe h

**Aufgabe 2:**
langen

**Aufgabe 3:**
Ärztin
Bahn
Stuhl
beginnen
Spiegel
drücken
links
Spritze
bohren
fühlen
Gefühl
fertig
froh

Name: _____ Datum: _____

4. a) Setze richtig ein: **ah** **äh** **eh** **ieh** **oh** **öh** **uh** **üh**

| der Dr ____ t | der L ____ rer | ____ ne | w ____ len |
| die N ____ t | die L ____ rerin | bel ____ nen | erz ____ len |
| k ____ l | es z ____ t | f ____ | der F ____ ler |
| das Gef ____ l | es gesch ____ t | fr ____ lich | f ____ lerfrei |
| h ____ l | die Gef ____ r | n ____ | die R ____ e |
| die H ____ le | gef ____ rlich | die N ____ e | r ____ ig |

b) Markiere die Wörter in der **Wörterliste** mit einem Strich und schreibe sie in dein Heft.

5. Diese Wörter kannst du im Text finden. Trage die fehlenden Großbuchstaben mit Bleistift ein. Schreibe die Tunwörter (Verben) in der Grundform.

```
        E  T
              L  S
  G  E
  B  E
                    T  I  N
     B  O
     R  O  T
  S  P
        X
              K  S
```

Lösungswort: ____ ____ ____ ____ ____ ____ ____ ____ ____

6. Lies den Text immer bis zum ☺ und schreibe ihn mit deiner schönsten Schrift richtig in dein Heft ab.

7. Diese drei Wörter im Text sind für mich schwierig:

_____

**Aufgabe 4:**
a)
Draht – Naht,
Lehrer – Lehrerin,
ohne – belohnen,
wählen – erzählen,
kühl – Gefühl,
zieht – geschieht,
froh – fröhlich,
Fehler – fehlerfrei,
hohl – Höhle,
Gefahr – gefährlich,
nah – Nähe,
Ruhe – ruhig

**Aufgabe 5:**
setzen
als
Gefühl
beginnen
Ärztin
bohren
trotzdem
Spritze
Praxis
links

Lösungswort:
Zahnärztin

Name: _____   Datum: _____

8. Bei diesen Wörtern kannst du das **h** beim Verlängern hören.
   a) Schreibe die Wortform mit dem stummen **h** auf.

| die Kü-he | die Ze-hen | die Schu-he | die Re-he |
|---|---|---|---|
| *die Kuh* | _____ | _____ | _____ |

| dre-hen | nä-hen | gesche-hen | zie-hen |
|---|---|---|---|
| *er dreht* | _____ | _____ | _____ |

| glü-hen | blü-hen | ru-hen | ste-hen |
|---|---|---|---|
| _____ | _____ | _____ | _____ |

b) Markiere die Wörter in deiner *Wörterliste* mit einem Strich.

9. Setze das passende Wort ein.

ihm    ihn    ihr    ihr    ihr

Florina und _____ Freund Balduin freuen sich auf die Pause.

Sie fragt _____ : „Hast du etwas zu essen dabei?"

Weil Balduin kein Frühstück dabei hat, teil Florina mit _____

_____ Pausenbrot.

Balduin bedankt sich bei _____ und lässt es sich schmecken.

  Setze das passende Wort ein und schreibe den Text in dein Heft.

ihm    ihn    ihnen    ihr    ihre    ihren    ihrem    ihrer

Florina und _____ Freundin zeigen _____ Lehrerin

_____ Hausaufgabe.

Die Lehrerin lobt die beiden und sagt _____ : „Das habt _____

toll gemacht."

Daheim erzählt Florina _____ Vater von dem Lob und zeigt

_____ _____ fehlerfreie Arbeit. Sie bittet _____ ,

auch _____ neue Hausaufgabe zu überprüfen. Sie sucht _____

Radiergummi, um _____ Fehler zu verbessern. Sie dankt _____

für seine Hilfe.

  Schreibe einen Text über deinen letzten Besuch beim Zahnarzt.

**Aufgabe 8:**
a)
der Zeh
der Schuh
das Reh

er näht
es geschieht
er zieht

er glüht
er blüht
er ruht
er steht

**Aufgabe 9:**
ihr
ihn
ihm, ihr
ihr

⭐
ihre
ihrer
ihre
ihnen
ihr
ihrem
ihm
ihre
ihn
ihre
ihren
ihre
ihm

# Wörter mit zwei gleichen Selbstlauten

### Ein schöner Sonntag

1 KF radelt mit Florina und Fidi ☺ an den See. ☺

2 Florina würde viel lieber ☺ ans Meer radeln. ☺

3 Doch das Meer ist weit weg. ☺

4 Am Seeufer setzen sie sich ☺ im Moos auf eine Decke. ☺

5 Florina ist durstig ☺ und trinkt Tee. ☺ Ihr Vater holt sich am Kiosk ☺

6 eine Tasse Kaffee ☺ und isst nur ein paar Beeren. ☺

7 Dann hat Florina eine Idee: ☺

8 „Lass uns ein Boot mieten und über den See rudern."

1. a) Suche im Text diese Wörter und schreibe sie mit Begleiter auf.

Zeile 1/9. Wort: _____

Zeile 2/6. Wort: _____

Zeile 4/7. Wort: _____

Zeile 5/6. Wort: _____

Zeile 6/3. Wort: _____

Zeile 6/8. Wort: _____

Zeile 6/9. Wort: _____

Zeile 7/5. Wort: _____

Zeile 8/4. Wort: _____

b) Welche Buchstaben fallen dir bei diesen Wörtern auf? Markiere sie gelb.

2. Ergänze den Merksatz:

> Lange Selbstlaute schreibe ich manchmal als
>
> _____ .

3. Welche Wörter des Textes kannst du bei den **fett gedruckten** Wörtern in deiner *Wörterliste* finden? Markiere sie mit einem Strich.

**Aufgabe 1:**
a)
der See
das Meer
das Moos
der Tee
der Kaffee
paar
die Beeren
die Idee
das Boot

b)
die Buchstaben
ee, oo, aa

**Aufgabe 2:**
Doppelselbstlaut

**Aufgabe 3:**
Meer
See
setzen
Moos
Decke
durstig
Tasse
mieten

Silvia Regelein: Richtig schreiben lernen – so klappt's! · 3. Klasse · Best.-Nr. 583 · © Brigg Pädagogik Verlag GmbH, Augsburg

4. Lies den Text immer bis zum ☺ und schreibe ihn mit deiner schönsten Schrift richtig in dein Heft ab.
Unterstreiche die Namenwörter (Nomen), Tunwörter (Verben) und Wiewörter (Adjektive) farbig.

5. a) Lies die Wörter und sprich die Doppelselbstlaute übertrieben lang.

| das Meer | der Tee | das Haar | der Klee |
|----------|---------|----------|----------|
| das Paar | der Teer | der Zoo | die Fee |
| der See | der Saal | der Speer | der Aal |
| der Kaffee | das Beet | der Schnee | leer |

b) Lies die Wörter noch einmal und sprich nun zum Spaß die Doppelselbstlaute ganz kurz. Was stellst du fest?

c) Suche Reimwörter, schreibe sie geordnet auf und markiere den Doppelselbstlaut. Zwei Wörter bleiben übrig.

| das M**ee**r | der S**ee** | das P**aa**r | der **Aa**l |
|--------------|-------------|--------------|-------------|
| *der Teer* | | | |
| | | | |
| | | | |
| | | | |
| | | | |

6. Setze die Wörter von Aufgabe 5 ein.

Bei Halsweh hilft heißer _____.

In einen _____ passen viele Leute.

Mit einem _____ kannst du über einen _____ fahren,

aber nicht über das _____.

_____ ist auch im Winter grün und weich.

In ein _____ kann ich Blumen und Gemüse pflanzen.

 Wie könnte Florinas Ausflug weitergehen? Schreibe auf.

**Aufgabe 4:**
*Namenwörter:*
Sonntag, KF, Florina, Fidi, Waldsee, Meer, Seeufer, Moos, Decke, Tee, Vater, Kiosk, Tasse, Kaffee, Beeren, Idee, Boot, See

*Tunwörter:*
radelt, würde ... radeln ist, setzen, ist, durstig, trinkt, holt, isst, hat, lass ... mieten, rudern

*Wiewörter:*
schöner, weit, durstig

**Aufgabe 5:**
b)
Man kann die Wörter nicht verstehen. Manchmal entstehen ganz andere Wörter: Aal – all, Beet – Bett

c)
das Meer
der Teer
der Speer
leer

der See
der Tee
der Klee
die Fee
der Schnee
der Kaffee

das Paar
das Haar

der Aal
der Saal

Diese Wörter bleiben übrig:
der Zoo
das Beet

**Aufgabe 6:**
Tee
Saal
Boot, See, Meer
Moos
Beet

Silvia Regelein: Richtig schreiben lernen – so klappt's! · 3. Klasse · Best.-Nr. 583 · © Brigg Pädagogik Verlag GmbH, Augsburg

# Großschreibung von abstrakten Namenwörtern (Nomen)

Willst du glücklich sein im Leben,
trage bei zu and'rer Glück.
Denn die Freude, die wir geben,
kehrt ins eigene Herz zurück.

Sonne und Regen, die wechseln sich ab,
mal geht's im Schritt und mal geht's im Trab.
Fröhlichkeit, Traurigkeit, beides kommt vor.
Eins nur ist wichtig: Trag's mit Humor.

1. Lies die beiden Sprüche.
   a) Schreibe einen Spruch ab.
   b) Wähle zwei Namenwörter (Nomen) aus und zeichne ein kleines Bild dazu.
   c) Bei welchen Namenwörtern ist es schwierig, ein Bild zu zeichnen?

2. Ergänze den Merksatz:

> Auch für Unsichtbares und Gefühle gibt es Namenwörter (Nomen).
>
> Ich erkenne sie an ihrem _____ Anfangsbuchstaben und
>
> ihren Begleitern (Artikel) _____, _____, _____, _____,
>
> _____.

3. a) Welche Wörter oder verwandte Wörter kannst du bei den **fett gedruckten** Wörtern in der *Wörterliste* finden? Markiere sie mit einem Strich.

| Angst | Hunger | ~~Trauer~~ | Erlaubnis | Durst | Hitze |
|---|---|---|---|---|---|
| Frieden | Gesundheit | Kälte | Nässe | Lärm | Spaß |
| Fleiß | Entfernung | Mut | Krankheit | Nähe | Verbot |
| ~~Freude~~ | Trockenheit | Ruhe | Qual | Krieg | Faulheit |

   b) Welche Wortpaare passen zusammen?
      Schreibe die Wortpaare getrennt mit dem Begleiter in dein Heft.

   Beispiel: *die Freu-de – die Trau-er*

Wähle von Aufgabe 3 einige Wörter aus und schreibe sinnvolle Sätze auf.

## Lösungen

**Aufgabe 1:**
c)
Spruch 1:
Leben, Glück, Freude
Spruch 2:
Fröhlichkeit, Traurigkeit, Humor

**Aufgabe 2:**
großen
der, die, das, ein, eine

**Aufgabe 3:**
a)
Angst, Durst, Entfernung, Erlaubnis, Frieden, Hitze, Hunger, Krieg, Lärm, Nähe, Nässe, Qual, Ruhe, Spaß, Trockenheit, Verbot

b)
die Ge-sund-heit – die Krank-heit,
der Frie-den – der Krieg,
der Hun-ger – der Durst,
die Käl-te – die Hit-ze,
die Angst – der Mut,
der Lärm – die Ru-he,
die Ent-fer-nung – die Nä-he,
die Tro-cken-heit – die Näs-se,
die Er-laub-nis – das Ver-bot,
die Qual – der Spaß

Knicke zuerst den
Lösungsstreifen um.

# Wörter mit V, v

### So ein Pechtag

1 Damit Kommissar Fuchs für Florinas Geburtstag nichts

2 **1** , schreibt er einen Einkaufszettel. Auf der Fahrt

3 zum Supermarkt hätte es beinahe einen Unfall gegeben, weil ein

4 Autofahrer ihm die **2** genommen hat. Der Supermarkt ist **3**

5 Leute und KF muss an der Kasse lange warten.

6 Zu Hause will er einen Kuchen backen. Für den Teig will er zuerst

7 die alten Eier **4** , **5** er die neue Packung nimmt. Als er den

8 fertigen Kuchen aus dem Backofen nimmt, **6** er sich an der Hand.

9 Sofort hält er die **7** Finger unter kaltes Wasser.

10 Dann **8** er Florinas Geburtstagsgeschenk und stellt die Blumen in

11 eine **9** . Plötzlich kommt Fidi mit dreckigen Pfoten aus dem

12 Garten hereingerannt und **10** das Sofa. Das ist **11** ein Pechtag

13 für KF!

14 Als er dann mit Florina Mühle spielt, jammert er: „Jetzt habe ich

15 schon das erste Spiel **12** und dieses Spiel **13** ich wieder."

**Aufgabe 1:**
1 vergisst
2 Vorfahrt
3 voller
4 verbrauchen
5 bevor
6 verbrennt
7 verletzten
8 verpackt
9 Vase
10 verschmutzt
11 vielleicht
12 verloren
13 verliere

1. Suche in der *Wörterliste* die passenden Wörter mit V, v und schreibe sie auf

**1** _____   **2** _____

**3** _____   **4** _____

**5** _____   **6** _____

**7** _____   **8** _____

**9** _____   **10** _____

**11** _____   **12** _____

**13** _____

> Wörter mit ver, vor, von, voll und viel –
> ich weiß es genau – schreib vorne ich mit v.

2. Markiere die Wörter von Aufgabe 1 in deiner *Wörterliste* mit einem Strich.

Silvia Regelein: Richtig schreiben lernen – so klappt's! · 3. Klasse · Best.-Nr. 583 · © Brigg Pädagogik Verlag GmbH, Augsburg

Name: _____     Datum: _____

3. Streiche falsche Vorsilben durch und schreibe das richtige Wort darunter.

| ver-<br>vor-<br>von- **-bieten**<br>voll-<br>viel- | ver-<br>vor-<br>von- **-sichtig**<br>voll-<br>viel- | ver-<br>vor-<br>von- **-leicht**<br>voll-<br>viel- |
|---|---|---|
| *verbieten* | | |

| ver-<br>vor-<br>von- **-ständig**<br>voll-<br>viel- | ver-<br>vor-<br>von- **-letzen**<br>voll-<br>viel- | ver-<br>vor-<br>von- **-gessen**<br>voll-<br>viel- |
|---|---|---|
| | | |

4. a) Suche in der *Wörterliste* zu diesen Namenwörtern (Nomen) die passenden
Tunwörter (Verben) und schreibe sie zusammen in dein Heft.
   b) Markiere die Wörter in deiner *Wörterliste* mit einem Strich.

   das Verbot – der Verlust – die Verpackung – die Verbrennung – der Verein –
   die Verletzung – der Verbrauch – die Verschmutzung

   Beispiel: *das Verbot – verbieten*

5. Diese Wörter kannst du im Text finden. Trage die fehlenden Großbuchstaben mit
Bleistift ein. Schreibe die Tunwörter (Verben) in der Grundform.

|   |   |   |   | **V** | **A** | **S** |   |   |   |
|---|---|---|---|---|---|---|---|---|---|
|   |   |   |   |   |   | **T** | **I** | **G** |   |
|   |   |   |   | **T** | **Z** | **E** | **N** |   |   |
|   | **O** | **L** | **L** |   |   |   |   |   |   |
|   |   |   |   | **N** | **N** | **E** | **N** |   |   |
|   |   |   |   |   | **I** | **E** | **R** | **E** | **N** |
|   |   |   | **A** | **H** | **R** | **T** |   |   |   |
|   |   |   |   |   | **I** | **C** | **H** | **T** |   |
|   |   |   | **E** | **I** | **C** | **H** | **T** |   |   |
|   |   |   | **E** | **S** | **S** |   |   |   |   |

Lösungswörter: ___ ___ ___   ___ ___ ___ ___ ___

**Aufgabe 3:**
vorsichtig
vielleicht

vollständig
verletzen
vergessen

**Aufgabe 4:**
a)
verlieren
verpacken
verbrennen
vereinen
verletzen
verbrauchen
verschmutzen

**Aufgabe 5:**
Vase
vorsichtig
verletzen
vollständig
verbrennen
verlieren
Vorfahrt
Vorsicht
vielleicht
vergessen

Lösungswort:
Viel Erfolg

Name: _____ Datum: _____

# Wörter mit ß

### Am Abend

1 Warum bloß ist draußen ☺ auf der Straße niemand? ☺

2 KF wundert sich. ☺ Er gießt sich heißen Tee ein ☺

3 und beißt in sein Brot. ☺ Ach ja, das Fußballspiel! ☺

4 Schnell schaltet er den Fernseher ein. ☺

5 Er macht es sich auf dem Sofa bequem ☺

6 und legt seine Füße hoch. ☺

7 Gerade werden die Spieler begrüßt. ☺ Dann geht es los. ☺

8 Ein Stürmer schießt das erste Tor. ☺

9 Mitten im größten Spaß ☺ klingelt das Handy.

1. a) Suche im Text diese Wörter und schreibe sie mit Begleiter auf.

Zeile 1/2. Wort: _____    Zeile 1/4. Wort: _____

Zeile 1/7. Wort: _____    Zeile 2/5. Wort: _____

Zeile 2/7. Wort: _____    Zeile 3/2. Wort: _____

Zeile 3/9. Wort: _____    Zeile 6/4. Wort: _____

Zeile 7/5. Wort: _____    Zeile 8/3. Wort: _____

Zeile 9/3. Wort: _____    Zeile 9/4. Wort: _____

b) Welcher Buchstabe fällt dir bei diesen Wörtern auf? Markiere ihn gelb.

2. Ergänze den Merksatz:

 ß steht nur nach einem _____ Selbstlaut.

3. Welche Wörter des Textes kannst du bei den **fett gedruckten** Wörtern in deiner *Wörterliste* finden? Markiere sie mit einem Strich.

4. Schreibe zu diesen Wörtern Reimwörter in dein Heft und markiere **ß** .

groß – reißen – fließen – Maß – Gruß – weiß –büßen – schließen

Beispiel: *groß – bloß ...*

5. Lies den Text immer bis zum ☺ und schreibe ihn mit deiner schönsten Schrift richtig in dein Heft ab.
Unterstreiche die Namenwörter (Nomen), Tunwörter (Verben) und Wiewörter (Adjektive) farbig.

Knicke zuerst den Lösungsstreifen um.

**Aufgabe 1:**
a)
bloß
draußen
Straße
gießt
heißen
beißt
Fußballspiel
Füße
begrüßt
schießt
größten
Spaß

b)
der Buchstabe ß

**Aufgabe 2:**
langen

**Aufgabe 3:**
bloß
draußen
Straße
niemand
gießen
Tee
beißen
schalten
Fernseher
bequem
(be-)grüßen
Sturm
Spaß
Handy

**Aufgabe 4:**
reißen – beißen
fließen – gießen
Maß – Spaß
Gruß – Fuß
weiß – heiß
büßen – grüßen
schließen – schießen

**Aufgabe 5:**
*Namenwörter:*
Abend, Straße, KF, Tee, Brot, Fußballspiel, Fernseher, Sofa, Füße, Spieler, Stürmer, Tor, Spaß, Handy
*Tunwörter:*
ist, wundert, gießt, beißt, schaltet, macht, legt, werden ... begrüßt, geht, schießt, klingelt
*Wiewörter:*
heißen, schnell, bequem, größten

Silvia Regelein: Richtig schreiben lernen – so klappt's! · 3. Klasse · Best.-Nr. 583 · © Brigg Pädagogik Verlag GmbH, Augsburg

Name: _____    Datum: _____

6.  Diese Wörter kannst du im Text finden.
    Trage die fehlenden Großbuchstaben mit Bleistift ein. Schreibe die Tunwörter
    (Verben) in der Grundform.

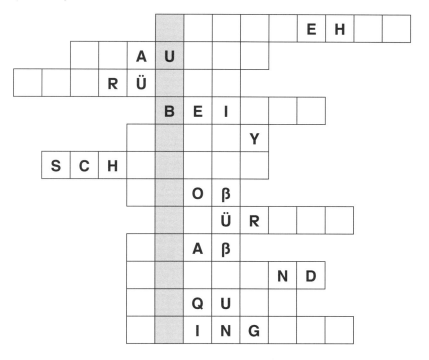

Lösungswort: ___ ___ ___ ___ ___ ___ ___ ___ ___ ___ ___ ___

**Aufgabe 6:**
Fernseher
draußen
begrüßen
beißen
Handy
schalten
bloß
Stürmer
Spaß
niemand
bequem
klingeln

Lösungswort:
Fußballspiel

**Aufgabe 7:**
**schließ**
verschließen
Verschluss
Schluss
geschlossen
Schloss

**beiß**
gebissen
Gebiss
ein bisschen
bissig
Leckerbissen

**Aufgabe 8:**
kurz

7.  Ordne diese Wörter richtig ein.

    schließlich – verschließen – der Verschluss – beißen – gebissen – das Gebiss –
    ein bisschen – der Schluss – bissig – geschlossen – das Schloss – der Leckerbissen

| Wortfamilie **schließ** | Wortfamilie **beiß** |
|---|---|
| *schließlich* | *beißen* |
|  |  |
|  |  |
|  |  |
|  |  |

8.  Ergänze den Merksatz:

ß wird zu **ss**, wenn der Selbstlaut davor _____ ist.

Kennzeichne lange Selbstlaute mit einem Strich und kurze mit einem Punkt.

Wie könnte der Abend bei KF weitergehen? Schreibe auf.

Name: _____  Datum: _____

# Zusammengesetzte Namenwörter (Nomen) mit zwei gleichen Buchstaben und -s-

1. Diese Namenwörter (Nomen) sind aus mehreren Wörtern zusammengesetzt.
   a) Zerlege sie mit einem Strich.
   b) Ordne sie nach dem ABC und schreibe sie zerlegt in dein Heft.

| | | |
|---|---|---|
| das Käfig \| gitter | der Arzttermin | die Nussschale |
| der Gewitterregen | der Laubbaum | das Betttuch |
| die Schifffahrt | das Donnerrollen | der Tellerrand |
| die Ziellinie | der Fetttropfen | die Rätsellösung |
| die Wahlliste | die Passstelle | das Stadttor |

 Aufgepasst! Manchmal treffen bei zusammengesetzten Wörtern zwei oder gar drei gleiche Buchstaben zusammen: das Käfig | gitter, die Schiff | fahrt

2. Welches Namenwort (Nomen) aus dem linken Kasten kannst du mit einem Namenwort (Nomen) aus dem rechten Kasten zusammensetzen?
   a) Markiere jedes Paar mit einer Zahl.

| Geburt ① | Boot | Unterricht |
|---|---|---|
| Nahrung | Hunger | Zeitung |
| Zukunft | Verbot | Verletzung |
| Glück | Museum | Herstellung |

| Not | Pläne | Blatt |
|---|---|---|
| Gefahr | Tag ① | Kosten |
| Steg | Schluss | Gefühl |
| Führung | Mittel | Schild |

 Manchmal muss ich zwei Namenwörter beim Zusammensetzen mit **-s-** verbinden: Geburt-s-tag

   b) Schreibe die zusammengesetzten Namenwörter (Nomen) in dein Heft und unterstreiche das -s-.

   Beispiel: **Geburtstag**

 Geburtstags-? Schreibe möglichst viele zusammengesetzte Namenwörter (Nomen) auf. Benutze das Wörterbuch als Hilfe.

**Aufgabe 1:**
a/b)
Arzt-termin
Bett-tuch
Donner-rollen
Fett-tropfen
Gewitter-regen
Käfig-gitter
Laub-baum
Nuss-schale
Pass-stelle
Rätsel-lösung
Schiff-fahrt
Stadt-tor
Teller-rand
Wahl-liste
Ziel-linie

**Aufgabe 2:**
a/b)
Bootssteg
Unterrichtsschluss
Nahrungsmittel
Hungersnot
Zeitungsblatt
Zukunftspläne
Verbotsschild
Verletzungsgefahr
Glücksgefühl
Museumsführung
Herstellungskosten

Geburtstags-
-brief,
-einladung,
-essen,
-feier,
-gäste,
-geschenk,
-kalender,
-karte,
-kerze,
-kind,
-kuchen,
-lied,
-paket,
-party,
-strauß,
-torte,
-wünsche

Silvia Regelein: Richtig schreiben lernen – so klappt's! · 3. Klasse · Best.-Nr. 583 · © Brigg Pädagogik Verlag GmbH, Augsburg

Name: _____ Datum: _____

# Wörter mit dem ks-Laut

1. Sprich die Wörter deutlich und markiere den ks-Laut.

extra    wechseln    Fuchs    Box    Wuchs

sechs

Text    Hexe    Taxi    Gewächs

mixen    Keks

links    boxen    Fax    Lexikon

wachsen

Wörter mit dem ks-Laut schreibe ich:  mit **-ks** wie bei **links**,

mit **-chs** wie bei **Fuchs**

oder mit **-x** wie bei **boxen**.

2. Bilde mit den Wörtern von Aufgabe 1 zusammengesetzte Namenwörter (Nomen).

| | |
|---|---|
| der Taxi *fahrer* | das _____haus |
| der _____besen | das _____geld |
| die Frühstücks_____ | der Reifen_____ |
| das _____gerät | der _____bau |
| die _____wurst | der _____schwanz |
| das Schüler_____ | das _____tum |
| das _____getränk | die Er_____ |
| der _____kampf | die _____dose |
| der Rechtschreib_____ | der _____abbieger |

3. Setze passende Wörter von Aufgabe 1 ein:

Florina _____ einen feinen Fruchtsaft.

Ab und zu isst Florina gerne _____.

Florina liest gerne die _____ im _____.

Florina freut sich, wie schnell ihre Blumen _____.

KF muss schnell mit einem _____ wegfahren.

Er bittet den Fahrer, an der Ampel nach _____ abzubiegen.

Schreibe Wörter zu den Wortfamilien **wechs** und **wachs** auf.

# Fremdwörter

Fremdwörter haben wir aus einer anderen Sprache übernommen.
Manchmal muss ich sie anders schreiben als ich spreche.

1. Sprich diese Fremdwörter deutlich und markiere die Merkstelle.
   Ordne die Fremdwörter nach dem ABC und schreibe sie in dein Heft.

   Recycling ☺ Clown Theater Programm ☺ Technik Medien Text ☺
   Radio interessant Information ☺ Handy Computer ☺
   Magnet Kompass ☺ Taxi mixen ☺ spazieren Vase ☺
   Christus brav Skizze

2. Lies die Fremdwörter vom ☺ bis zum ☺ und merke sie dir.
   Decke sie dann ab und schreibe sie auswendig auf. Überprüfe und berichtige
   sofort nach jedem ☺.

3. Welches Fremdwort passt zur Erklärung? Schreibe es dazu.

| | |
|---|---|
| Schon benutzte Rohstoffe wie Papier, Glas, Metall und Kunststoffe werden gesammelt und zum Herstellen neuer Gegenstände wiederverwertet. | |
| Wer sich Wissen und Informationen beschaffen oder sich unterhalten will, kann verschiedene Mittel benutzen wie Bücher, Zeitungen, Radio, Fernsehen oder den Computer. | |
| Diese Zeichnung zeigt möglichst einfach das Wesentliche eines Sachverhalts. | |
| Ein Gerät zum Bestimmen der Himmelsrichtungen. | |
| Ohne Eile herumlaufen. | |
| Er gehört zu jedem Zirkus und bringt die Zuschauer zum Lachen. | |

Schreibe Wörter zu den Wortfamilien **interess** und **inform** auf.

Knicke zuerst den Lösungsstreifen um.

**Aufgabe 1:**
brav
Christus
Clown
Computer
Handy
Information
interessant
Kompass
Magnet
Medien
mixen
Programm
Radio
Recycling
Skizze
spazieren
Taxi
Technik
Text
Theater
Vase

**Aufgabe 3:**
Recycling
Medien
Skizze
Kompass
spazieren
Clown

**interess**
das Interesse,
der Interessent,
sich interessieren,
interessiert,
interesselos,
interessant

**inform**
die Information,
der Informant,
sich informieren,
informativ

# Wörterliste

Diese Wörterliste ist ein Mini-Wörterbuch. Es zeigt dir die
Schreibweise von häufigen Wörtern und von Wörtern, die du in
der 1./2. Klasse schon geübt hast.
Der Grundwortschatz für die 3./4. Klasse ist **fett gedruckt**.
Markiere die **fett gedruckten** Wörter, die du geübt hast, immer wieder
mit einem kleinen senkrechten Strich: **Fuchs** |
Wenn du das Wort fünfmal geübt hast, markiere so: **Fuchs** ⊦⊦⊦⊦
Am Ende der 4. Klasse solltest du alle Wörter auswendig schreiben
können.

Heb die Liste
in einer Klarsicht-
hülle auf!

## Häufige Wörter

| **a** | **e** | **j** | **s** | **w** |
|---|---|---|---|---|
| ab | ein/e/er | ja | schon | wann |
| aber | er | jede/r/s | sehr | warum |
| als | es | | sein/e/er | was |
| also | euch | **k** | seit | weil |
| am | euer | kein/e/er | sich | weiter |
| an | eure | | sie | welche/r |
| auf | | **m** | sind | wem |
| aus | **f** | man | so | wen |
| | für | mein/e/er | | wenig |
| **b** | | mich | **u** | wenn |
| bei | **g** | mir | über | wer |
| bin | ganz/e/er | mit | um | wie |
| bis | | | und | wieder |
| bist | **h** | **n** | uns | wir |
| | her | nach | unser/e | wo |
| **d** | hier | nein | unten | |
| da dann | hin | nicht | unter | **z** |
| das | hinter | nichts | | zu |
| dass | | nie | **v** | zum |
| dein/e/er | **i** | nun | viel | zur |
| dem | ich | nur | vom | zusammen |
| den | ihm | | von | |
| denn | ihn/en | **o** | vor | |
| der | ihr/e | ob | | |
| des | im | oder | | |
| dich | immer | oft | | |
| die | in | | | |
| dies/e/er | ins | | | |
| dir | ist | | | |
| doch | | | | |
| du | | | | |
| durch | | | | |

**A a**

der Abend
acht
**ähn-lich**
al-le, al-les
alt, äl-ter
die Am-pel
**än-dern**
**an-ders**
die **Angst, Ängs-te**
**ängst-lich**
ant-wor-ten
der Ap-fel
der Ap-ril
ar-bei-ten
**är-gern**
der Arm
der **Arzt, die Ärz-tin**
der Ast
die Auf-ga-be
**auf-räu-men**
    der **Raum, die Räu-me**
**auf-we-cken**
    der **We-cker**
das Au-ge
**au-ßen**
der Au-gust
das Au-to

**B b**

das Ba-by, Ba-bys
**ba-cken**
der **Bä-cker**
ba-den
die **Bahn, Bah-nen**
der Ball, die Bäl-le
die Bank, Bän-ke
der Bauch, die Bäu-che
bau-en
der Baum, die Bäu-me
**be-gin-nen,**
**be-gann, be-gon-nen**
das Bein, die Bei-ne
das **Bei-spiel, die Bei-spie-le**
**bei-ßen, biss**
**be-o-bach-ten**
**be-quem**

**be-reits, be-reit**
der **Be-ruf, Be-ru-fe**
**bes-ser**
das **Bett, Bet-ten**
**be-vor**
be-we-gen
be-zah-len
**bie-gen, bog**
die Bie-ne, Bie-nen
das Bild, Bil-der
die Bir-ne, Bir-nen
**biss-chen**
bit-ten
das Blatt, Blät-ter
blau
blei-ben
**bli-cken, der Blick**
**blind, der Blin-de**
der **Blitz, Blit-ze,**
    **blit-zen**
der **Block, Blö-cke**
**bloß**
die Blu-me, Blu-men
blü-hen
die Blü-te, Blü-ten
der Bo-den, die Bö-den
**boh-ren**
das **Boot, Boo-te**
bö-se
**bo-xen**
der **Brand, die Brän-de**
braun
**brav**
**bren-nen , brann-te**
die **Bril-le, Bril-len**
brin-gen
das Brot, die Bro-te,
das Bröt-chen
der Brief, Brie-fe
die **Brü-cke, Brü-cken**
der Bru-der, Brü-der
das Buch, Bü-cher
bunt
der Busch, Bü-sche

**C c**

der Cent, Cents
der **Christ, Chris-ten**
der Christ-baum
der **Clown, Clowns**
der **Com-pu-ter**

**D d**

dan-ken
die **De-cke, De-cken,**
    **ent-de-cken**
den-ken
**deut-lich**
**deutsch, Deutsch-land**
der De-zem-ber
**dick**
der **Dieb**
der Diens-tag
die **Dis-ket-te, Dis-ket-ten**
**don-nern, der Don-ner**
der Don-ners-tag
der **Draht, Dräh-te**
**drau-ßen**
**dre-ckig, der Dreck**
**dre-hen**
drei
**drü-cken, der Druck**
**dumm,**
    die **Dumm-heit**
dun-kel
**dünn**
der **Durst, durs-tig**

**E e**

die **Ecke, Ecken,**
**eckig**
**ehr-lich**
das Ei, Ei-er
**ei-gent-lich**
eins
elf
die El-tern
**emp-fin-den**

emp-find-lich
das En-de, die En-den
eng
die En-te, En-ten
**ent-fer-nen,**
  **die Ent-fer-nung**
**ent-ge-gen**
**ent-wi-ckeln**
**die Ent-wick-lung**
die Er-de
**er-lau-ben,**
  **die Er-laub-nis**
**er-le-ben,**
  **das Er-leb-nis**
**er-näh-ren**
**er-war-ten,**
  **die Er-war-tung**
**er-zäh-len,**
  **die Er-zäh-lung**
es-sen
die Eu-le, Eu-len
der Eu-ro, Eu-ros
**Eu-ro-pa**

**F f**

fah-ren
fal-len
die Fa-mi-lie, Fa-mi-li-en
fan-gen
der Fe-bru-ar, Feb-ru-ar
**der Feh-ler,**
  **feh-ler-frei**
fein
das Feld, Fel-der
das Fens-ter
**die Fe-ri-en**
**der Fern-se-her,**
  **fern-se-hen**
**fer-tig**
**fett, das Fett**
**feucht,**
  **die Feuch-tig-keit**
**das Feu-er**
  **der Feu-er-wehr-mann**
**die Fich-te, Fich-ten**
fin-den
der Fin-ger
**der Fleiß, flei-ßig**
**flie-gen**
**flie-ßen, floss**
**das Flug-zeug,**
  **Flug-zeu-ge**
der Flü-gel

**der Fluss, Flüs-se**
flüs-sig
**die Flüs-sig-keit,**
  **Flüs-sig-kei-ten**
fra-gen
die Frau, Frau-en
**frei, die Frei-heit**
der Frei-tag
fremd, der Frem-de
**fres-sen, frisst, fraß**
freu-en, die Freu-de
der Freund, Freun-de,
  Freun-din
**der Frie-den, fried-lich**
**frie-ren, fror**
frisch
**froh**
**fröh-lich, die Fröh-lich-keit**
die Frucht, Früch-te
der Früh-ling
**der Fuchs, Füch-se**
**füh-len, das Ge-fühl**
**füh-ren, die Füh-rung**
fül-len, der Fül-ler
fünf
der Fuß, die Fü-ße

**G g**

**ganz, gan-ze, gan-zer**
der Gar-ten, Gär-ten
**das Ge-bäu-de, bau-en**
ge-ben
**die Ge-burt, Ge-bur-ten**
  **der Ge-burts-tag**
**die Ge-fahr,**
  **Ge-fah-ren**
  **ge-fähr-lich**
**ge-heim,**
  **das Ge-heim-nis**
ge-hen
gelb, gel-be
das Geld, Gel-der
**die Ge-mein-de,**
  **Ge-mein-den**
das Ge-mü-se
**das Ge-schäft,**
  **die Ge-schäf-te,**
  **schaf-fen**
**ge-sche-hen,**
  **ge-schieht**
**das Ge-setz,**
  **Ge-set-ze**
das Ge-sicht, Ge-sich-ter

ges-tern
ge-sund
ge-win-nen,
  **ge-wann,**
  **ge-won-nen**
**das Ge-wit-ter**
**gie-ßen, goss**
**glatt**
**das Glück; glück-lich**
**glü-hen**
**der Gott, die Göt-ter**
das Gras, die Grä-ser
groß, grö-ßer
grün
**grü-ßen**
gut

**H h**

das Haar, die Haa-re
ha-ben
der Hals, die Häl-se
hal-ten, hält
die Hand, die Hän-de
**das Han-dy, Han-dys**
**hän-gen,**
  **der Hang**
**hart, här-ter**
der Ha-se, Ha-sen
**häu-fig,**
  **der Hau-fen**
das Haus, die Häu-ser
die Haut, die Häu-te
die He-cke, He-cken
heiß
hei-ßen
**hei-zen,**
  **die Hei-zung**
hel-fen, die Hil-fe
hell
das Hemd, die Hem-den
der Herbst
der Herr, die Her-ren
**her-stel-len,**
  **die Her-stel-lung**
heu-te
die He-xe, He-xen
hier
der Him-mel
hin-ter
**die Hit-ze**
**hof-fen,**
  **hof-fent-lich**
**die Hö-he**

hohl
die **Höh-le, Höh-len,**
hö-ren
die Ho-se, Ho-sen
der Hund, die Hun-de
hun-dert
der **Hun-ger,**
**hung-rig**

der Igel, die Igel
**imp-fen, die Imp-fung**
die In-for-ma-tion,
In-for-ma-tio-nen,
in-for-mie-ren
das **In-te-res-se,**
**In-te-res-sen,**
**in-te-res-sant**

das Jahr, die Jah-re
der Ja-nu-ar
**je-mand,**
**je-man-den**
die **Ju-gend,**
**ju-gend-lich**
der Ju-li
**jung**
der Jun-ge, Jun-gen
der Ju-ni

der Kä-fer
der **Kä-fig, Kä-fi-ge**
der Ka-len-der
kalt, die Käl-te
der **Kamm, Käm-me,**
**käm-men**
die Kat-ze, Kat-zen
kau-fen
**ken-nen, kann-te**
die **Kie-fer, Kie-fern**
das Kind, Kin-der
**klar, er-klä-ren**
die Klas-se, Klas-sen

das Kleid, Klei-der
klein
**klet-tern**
kom-men
der **Kom-pass,**
**Kom-pas-se**
kön-nen, kann
der Kopf, Köp-fe
der Kör-per
**kräf-tig,**
die **Kraft, Kräf-te**
krank
**krat-zen**
der **Krat-zer**
das Kraut, Kräu-ter
das **Kreuz, Kreu-ze,**
die **Kreu-zung**
krie-chen, kroch
der **Krieg, Krie-ge**
die Kuh, Kü-he
**kühl, küh-len**
der **Kuss, Küs-se**
**küs-sen**

das **Land,** die **Län-der**
**lang, län-ger**
der **Lärm**
**las-sen, lässt**
das **Laub**
lau-fen, läuft
laut
le-ben
le-gen
der **Leh-rer, Leh-re-rin**
leicht
lei-se
ler-nen
le-sen, liest
**letz-te, letz-ter**
**leuch-ten**
die Leu-te
das Le-xi-kon, Le-xi-ka
das Licht, Lich-ter
lieb, lie-ben
das **Lied, Lie-der**
lie-gen
**links**
der **Löf-fel, Löf-fel**
der **Lohn, be-loh-nen**

ma-chen
das Mäd-chen
der **Mag-net, Mag-ne-te**
der Mai
ma-len
man
der Mann, die Män-ner
der März
die **Ma-schi-ne,**
**Ma-schi-nen**
das **Maß, die Ma-ße**
die Maus, Mäu-se
die **Me-di-en**
das **Meer, die Mee-re**
**mehr**
**mes-sen, misst, maß**
das **Mes-ser, die Mes-ser**
die **Mie-te, Mie-ten**
**miet-en**
die Mi-nu-te, Mi-nu-ten
der **Mit-tag, die Mit-te**
der Mitt-woch
**mi-xen**
der Mo-nat, Mo-na-te
das **Moos**
der Mon-tag
mor-gen
der Mund, Mün-der
müs-sen, muss, müsst
die Mut-ter, Müt-ter
der **Müll**

die Nacht, Näch-te
**nah, die Nä-he**
**nä-hen,**
die **Naht, Näh-te**
die **Nah-rung,**
**er-näh-ren**
der Na-me, Na-men
die Na-se, Na-sen
**nass, die Näs-se**
die **Na-tur,**
**na-tür-lich**
der Ne-bel
neh-men, nimmt
neu
neun
**nichts**
**nie-mals**

nie-mand, nie-man-den
der No-vem-ber
die **Num-mer, num-me-rie-ren**
die **Nuss, Nüs-se**
**nut-zen**
    **nütz-lich**

das Obst
**of-fen**
**oh-ne**
das Ohr, die Oh-ren
der Ok-to-ber
der On-kel
Os-tern

**pa-cken,**
das **Päck-chen**
das **Pa-ket, Pa-ke-te**
das Pa-pier, die Pa-pie-re
der **Pass, die Päs-se**
**pas-sen**
das Pferd, Pfer-de
pflan-zen
pfle-gen
der **Pilz, Pil-ze**
die Piz-za, Piz-zas
der Platz, Plät-ze
**plötz-lich**
die Pom-mes
das **Pro-gramm,**
    die **Pro-gram-me**
die Pup-pe, Pup-pen

das Qua-d-rat,
die Qua-d-ra-te
**qua-ken**
**quä-len,**
    die **Qual, Qua-len**
die **Quel-le, Quel-len**

**R r**

das **Ra-dio, die Ra-di-os**
**ra-ten,**
    das **Rät-sel**
die Rau-pe, Rau-pen
rech-nen
**rechts**
das **Re-cyc-ling**
re-den
der Re-gen
das **Reh, die Re-he**
reich
rei-sen
**rei-ßen, riss**
**ren-nen, rann-te**
**rich-tig**
**rie-chen,**
    der **Ge-ruch,**
    die **Ge-rü-che**
der Rock, die Rö-cke
rol-len
rot
der Rü-cken
die **Ru-he, ru-hig**
    **ru-hen**
**rüh-ren**
ru-fen

**S s**

der Saft, die Säf-te
sa-gen
das Salz, Sal-ze
**sam-meln,**
    die **Samm-lung**
der Sams-tag
der Sand, san-dig
der Satz, die Sät-ze

**Sch**
**sch**

der **Schall**
der **Schal-ter,**
    **schal-ten**
**scharf,**
    die **Schär-fe**
der **Schat-ten, die Schat-ten**
schau-en
schei-nen
die Sche-re, Sche-ren
**schie-ben, schob**
**schief**
**schimp-fen**
schla-fen, schläft
schla-gen, schlägt
**schlie-ßen,**
    **schloss**
**schließ-lich**
der **Schlüs-sel,**
    die **Schlüs-sel**
**schme-cken,**
    der **Ge-schmack**
der Schmet-ter-ling
der **Schmutz,**
    **schmut-zig**
der Schnee
schnei-den
schnell
schön
schon
der **Schreck,**
    **schreck-lich,**
    **er-schre-cken**
schrei-ben
schrei-en
der Schuh, die Schu-he
die Schu-le, Schu-len
die **Schüssel**
**schüt-teln**
**schüt-zen,**
    der **Schutz**
schwarz
**schwei-gen,**
    **schwieg**
die Schwes-ter,
    Schwes-tern
**schwie-rig,**
    die **Schwie-rig-keit**
**schwim-men,**
    **schwamm,**
    **ge-schwom-men**
**schwit-zen,**
    der **Schweiß**

**S s**

sechs
der **See**, die **Seen**
se-hen, sieht
die Sei-fe, Sei-fen
die Se-kun-de, Se-kun-den
der Sep-tem-ber
**set-zen,**
 **be-setzt**
sie-ben
sin-gen
sit-zen
 der **Sitz**
die **Skiz-ze, Skiz-zen,**
 **skiz-zie-ren**
der Sohn, die Söh-ne
sol-len
der Som-mer
die Son-ne, Son-nen
der Sonn-tag

**Sp sp**

die Spa-get-ti
spa-ren
der **Spaß**, die **Spä-ße**
**spät,**
 **ver-spä-ten**
der **Spa-zier-gang,**
 **spa-zie-ren**
der **Spie-gel,**
 **spie-geln**
spie-len
die **Spit-ze, spitz**
die **Sprit-ze**
der Sport

**St st**

die **Stadt, Städ-te**
der **Stamm**, die **Stäm-me**
die Stan-ge, Stan-gen
der Stän-gel
**stark, stär-ken**
 die **Stär-ke**
das / die **Steu-er,**
 **steu-ern**
ste-hen
stel-len
der **Stiel**, die **Stie-le**

der Stift, Stif-te
still
**stim-men, be-stimmt**
die Stirn
der **Stoff**, die **Stof-fe**
der **Strand**, die **Strän-de**
die **Stra-ße, Stra-ßen**
der Strauch, die Sträu-cher
der **Strauß**, die **Sträu-ße**
**strei-ten,**
 der **Streit**
**strö-men,**
 der **Strom**
das **Stück**, die **Stü-cke**
der **Stuhl**, die **Stüh-le**
die Stun-de, Stun-den
der **Sturm, stür-misch**
su-chen
**süß,**
 die **Sü-ßig-keit**

**T t**

der Tag, die Ta-ge
die **Tan-ne, Tan-nen**
die Tan-te, Tan-ten
die Ta-sche, Ta-schen
die **Tas-se, Tas-sen**
**tau-send, tau-sen-de**
das **Ta-xi**, die **Ta-xen**
die Tech-nik,
 tech-nisch
der Ted-dy, die Ted-dys
der **Tee**
das Te-le-fon, die Te-le-fo-ne
der **Tel-ler**, die **Tel-ler**
die Tem-pe-ra-tur
der **Text**, die **Tex-te**
das **The-a-ter**
das Ther-mo-me-ter
**tief**, die **Tie-fe**
das Tier, die Tie-re
die Toch-ter, Töch-ter
tra-gen, trägt
die **Trä-ne, Trä-nen**
der **Traum**, die **Träu-me,**
 **träu-men**
**tref-fen,**
 **traf, ge-trof-fen**
**treu**
trin-ken
**tro-cken**
 die **Tro-cken-heit**
tur-nen

**U u**

**üben**
**über-que-ren**
die **Uhr, Uh-ren**
**um-keh-ren**
**un-ge-fähr**
der **Un-ter-richt**
der **Ur-laub**, die **Ur-lau-be**

**V v**

die **Va-se, Va-sen**
der Va-ter, die Vä-ter
**ver-bie-ten, ver-bot**
 das **Verbot**
**ver-brau-chen**
 der **Ver-brauch**
**ver-bren-nen,**
 **ver-brann-te,**
 die **Ver-bren-nung**
der **Ver-ein**, die **Ver-ei-ne,**
 **ver-ei-nen**
**ver-ges-sen,**
 **ver-gisst, ver-gaß**
der Ver-kehr
**ver-let-zen,**
 die **Ver-let-zung**
**ver-lie-ren, ver-lor**
 der **Verlust**
**ver-pa-cken,**
 die **Ver-pa-ckung**
**ver-schmut-zen,**
 die **Ver-schmut-zung**
ver-su-chen
**viel-leicht**
vier
der Vo-gel, die Vö-gel
voll, voll-stän-dig
die **Vor-fahrt**
**vor-sich-tig,**
 die **Vor-sicht**

**W w**

**wach-sen, wuchs**
  das **Ge-wächs**
**wäh-len,**
  die **Wahl, Wah-len**
**wäh-rend**
der **Wald,** die **Wäl-der**
warm, die Wär-me
war-ten
wa-schen, wäscht
das Was-ser
**wech-seln**
**we-cken**
  der **We-cker**
der Weg, We-ge
Weih-nach-ten
weiß
weit, weiter
**we-nig**
wer-den, wird
das Wet-ter
**wich-tig**
wie-der
**wie-gen, wog,**
  das **Ge-wicht**
die Wie-se, Wie-sen
**wild, wil-de**
der Wind, Win-de
der Win-ter
**wis-sen, weiß,**
  **wuss-te**
die Wo-che, Wo-chen
woh-nen
wol-len, will
das Wort, die Wör-ter
wün-schen
die Wur-zel, Wur-zeln

**Z z**

die Zahl, Zah-len
  zäh-len
der Zahn, Zäh-ne
die Ze-he, Ze-hen
zehn
**zeich-nen,**
  die **Zeich-nung**
zei-gen
die Zeit, Zei-ten
die **Zei-tung,**
  **Zei-tun-gen**
das **Zeug-nis,**
  die **Zeug-nis-se**
**zie-hen, zog**
das **Ziel,** die **Zie-le,**
  **zie-len**
das Zim-mer
der Zu-cker
die **Zu-kunft,**
  **zu-künf-tig**
**zu-letzt**
**zu-rück**
**zu-sam-men**
zwei
die Zwie-bel, Zwie-beln
zwölf